MERIAN *live!*

USA
Der Nordwesten

Heike und Bernd Wagner

W0085259

GRÄFE
UND
UNZER

In der Blackfeet Indian Reservation in Montana

INHALT

Karten und Pläne
Der Nordwesten, westlicher Teil: Klappe vorne; **Der Nordwesten, östlicher Teil:** Klappe hinten; **Seattle:** Umschlag Rückseite; **Denver:** S. 38; **Portland:** S. 59; **Salt Lake City:** S. 67; **Yellowstone National Park:** S. 92

Der Nordwesten fasziniert mit vergletscherten Vulkanen und trockenen Hochwüsten, mit romantischen Pazifikstränden und rauschenden Wildwasserflüssen.

Joanne ist begeistert, sie hat noch nie vorher auf einem Pferderücken gesessen, nun kommt sie auf einem gutmütigen Quarter Horse ihrem Traum vom Wilden Westen ein ganzes Stück näher! Waschechte **wranglers**, Cowboys, begleiten sie und andere **city slickers**, wie die unerfahrenen Leute aus der Stadt genannt werden, in die Berge. Gekrönt wird der Ausritt von einem typischen Western-Barbecue mit roten Bohnen und Spare Ribs. Auf Anhieb herrscht eine familiäre Atmosphäre, sofort nennt sich jeder beim Vornamen. Guest Rancher Jim aus Wyoming kramt seine Gitarre hervor, und dann werden alte Westernlieder zum besten gegeben, John Denvers Klassiker »Rocky Mountain High« darf dabei natürlich nicht fehlen.

Lagerfeuerromantik

Am Lagerfeuer geraten alle ins Schwärmen, von zu Hause, vom Rancherurlaub, vom klaren Sternenhimmel. Greg erzählt von seiner Heimat am Pazifikstrand in

Great Salt Lake Desert in Utah: Salz, soweit das Auge reicht

Oregon, von der Jagd nach Fischen und Krebsen. Er schwört Stein und Bein, daß »crabbing« nirgendwo besser sei als in seinem Geburtsort Newport. Joanne aus Seattle erinnert sich an ein Wochenende, an dem sie rund um die San Juan Islands auf einer Whale-Watching-Tour viele Wale beobachten konnte. Irma und Pete, ein Rentnerehepaar aus Montana, reisen wie viele Landsleute ihres Alters munter durch die Lande. Ob Pete beim herbstlichen Wanderausflug im Glacier National Park wirklich Bären getroffen hat, oder will er uns vielleicht nur einen Bären aufbinden? Irmas Augenzwinkern entgeht jedenfalls keinem. Und Old Joe Smith, vor Jahren Tankwart an einer einsamen Straßenkreuzung im heißen Hochland Oregons, träumt heute vom Whitewater Rafting – den legendären Salmon River in Idaho möchte er noch einmal mit Schlauchbooten bezwingen oder ganz einfach mit dem Jet Boat durch den Hells Canyon jagen. Vielleicht schließen Sie sich an?

Festlich geschmückt – im Alltag kämpfen Indianer gegen Diskriminierung

Der Weg nach Westen

Der amerikanische Nordwesten ist von jeher der ursprünglichste Teil der Vereinigten Staaten gewesen, hier hat der Mensch die Natur nicht bis in den letzten Winkel bezwingen können. Noch vor 200 Jahren, als in Europa schon beinahe jedes Stückchen Land erforscht war, wußte die frischgebackene Nation USA so gut wie gar nichts über den Westen.

Um dem Abhilfe zu schaffen und um gleichzeitig Gebietsansprüche der jungen Nation zu festigen, stattete Präsident Jefferson eine Expedition unter der Leitung von Meriweather Lewis und William Clark aus – zwei Namen, die Ihnen bei Ihrer Reise oft begegnen werden. Von 1804 bis 1806 sammelten die beiden Forscher mit ihren Teams Material und erschlossen eine Route quer durch den Kontinent.

Mitte des 19. Jahrhunderts zog der Mythos vom goldenen Westen die Menschen in seinen Bann. Auf dem legendären Oregon Trail war die Pazifikküste das erklärte Ziel Tausender Siedler. Knarrende Planwagenkolonnen ächzten oft monatelang durch die trockenen, baumlosen

Prärien Wyomings und Idahos und über die kalten Rocky Mountains. Die unermüdlichen Leistungen der Pioniere setzten bleibende Zeichen für die westwärtsorientierte Nation. Viele davon sind heute noch zu sehen.

Der Goldrausch und seine Folgen

Die **Rocky Mountains** waren noch in den fünfziger Jahren des 19. Jahrhunderts weiße Flecken auf der Landkarte – bis der unwiderstehliche Lockruf des Goldes erscholl. Plötzlich entstand eine Vielzahl kleiner Goldgräberstädtchen in den Rockies, darunter 1859 **Central City** in Colorado, 1862 **Idaho City** in Idaho und 1863 **Virginia City** in Montana. »Boom and bust« – die Geschichte von Gold und Hoffnung, Gewinn und Verlust wiederholte sich viele Male. Lukrative Goldfunde verwandelten die schäbigen Siedlungen, die nur aus Bretterbuden bestanden, in Windeseile in quirlige **mining towns**, die nach der Ausbeutung der Vorkommen ebenso schnell wieder in deprimierende Bedeutungslosigkeit versanken.

»It looks different again today!« Bill, Rentner und ehrenamtlicher Tourist Guide aus Virginia City, versichert uns, daß **Montana** heute ganz anders ist. Goldminen gibt es kaum noch, aber trotz eines hundertjährigen Dornröschenschlafes haben die Relikte der Goldgräberzeit noch nicht ausgedient. Überall im Nordwesten entstehen Museumsdörfer mit historischen Gebäuden, beleben freiwillige Helfer in zeitgenössischen Kostümen die rauchigen Saloons und vollgepackten Kolonialwarenläden, die dickummauerten Gefängnisse und Gerichtssäle und lassen so die alten Zeiten wiederaufleben.

Altes Indianerland

Lange lebten Indianer und Weiße in friedlicher Eintracht, das Land war groß genug, und man kam sich kaum in die Quere. Doch vor den einfallenden Horden der Goldsucher mußten die Indianer weichen. Das Gold diktierte seine eigenen Gesetze, und Verträge waren seinerzeit oft das Papier nicht wert, auf dem sie standen. Als dann später die Armee nachrückte, Wintervorräte und Dörfer der Indianer vernichtete, gaben die hungernden Stämme einer nach dem anderen auf. 1877 war der Nordwesten »befriedet«, die **Nez Perce** unter Häuptling Joseph hatten sich in Montana ergeben, die **Sioux** unter **Sitting Bull** waren nach Kanada geflohen. Nur ein Jahr zuvor hatten sie noch am **Little Bighorn River** in Montana mit dem Sieg über die siebte US-Kavallerie unter Custer ihren größten Kampferfolg verzeichnet.

Durch einseitige Friedensverträge in oftmals ferne Reservationen verbannt, mußten die geschlagenen Indianer die Besiedlung ihrer angestammten Heimat durch weiße Einwanderer miterleben. Zuerst besetzten Gold-

Die Millionenmetropole Seattle
boomt unübersehbar

dem Meeresspiegel. Westlich der Rocky Mountains erstreckt sich am wüstenheißen Großen Salzsee in Utah die Mormonenhauptstadt **Salt Lake City** mit den augenfälligen spitzen Türmen des Mormonentempels als Wahrzeichen und Mittelpunkt.

Idealer Ausgangspunkt für Fahrten zu den nahen **Mount Rainier** und **Olympic National Parks** sowie zum nördlichen Nachbarn Kanada ist das grüne **Seattle** am **Puget Sound** im Bundesstaat Washington – der nordwestlichste Zipfel des Reisegebiets.

Von **Portland** in Oregon, der Stadt der Rosen und Parks am mächtigen Columbia River, beginnen Ausflüge zum **Mount St. Helens** oder zu den wüstenhaften und von Lavaströmen gekennzeichneten, spröden Landstrichen der **High Desert** im Landesinneren. »Hausberg« Portlands ist der elegante **Mount Hood**. Seinen verschneiten Gipfel sehen Sie auf einer Tour entlang der eindrucksvollen Schlucht des **Columbia River**.

schürfer das Land, dann folgten Händler und Spekulanten, bevor schließlich die Farmer das alte Indianerland unter den Pflug nahmen. Heute sind die Ureinwohner Amerikas eine verschwindende Minderheit im Nordwesten, sie leben in rund 50 über die Region verteilten Reservationen.

Nur eine Handvoll Metropolen

Eingebettet in die oft grandiosen Naturlandschaften liegen die wenigen Metropolen und Großstädte des Nordwestens: Am Übergang der endlosen flachen Prärien – der **Great Plains** – zu den steil ansteigenden **Rocky Mountains** schmiegt sich das aus einem historischen Goldgräberstädtchen entstandene **Denver** auf rund 1600 Meter über

An den Gestaden des Pazifiks

Doch zweifelsohne haben es selbst die attraktiven Großstädte des Nordwestens schwer gegen die Attraktivität der abwechslungsreichen Landschaft vor ihrer Haustür. Keine andere Küstenstraße nimmt es mit Oregons legendärem **US-Highway 101** auf. Nirgendwo existieren wildromantischere Strände als im **Olympic**

7

National Park! Dort treffen Sie bei Spaziergängen entlang der Steilküsten auf Muscheln, Seesterne und Seegetier sowie riesiges, wahrlich bizarres Wurzelwerk, das Wind und Gezeiten aus den brüchigen Steilküsten gerissen haben. Schroffe Felsen schieben sich ins Meer und dienen als luftige Nistplätze Abertausender Seevögel. Ein Paradies für Strandwanderer! Oft können Sie sogar Wale vor der Küste erspähen. Nur zum Baden eignet sich das kalte Meerwasser des Nordwestens kaum.

Äpfel und Wein aus Washington

Bereits wenige Meilen landeinwärts wird es deutlich wärmer als an der windausgesetzten Küste. Grün und regenreich ist die Westseite der als Klimascheide wirkenden **Cascade Mountains**. Sonnenverdorrt sieht es jenseits der Berge auf der östlichen Trockenseite aus, wo sich nunmehr dank künstlicher Bewässerung auf dem grauen, trockenen Boden üppiggrüne, fruchtbare Plantagen behaupten. Washingtons knackige Äpfel werden mittlerweile in alle Welt verschifft, und auch der Wein aus dem **Yakima Valley** genießt einen guten Ruf.

Die Vulkane schlafen nur

Gletscherbedeckte Vulkane sind die Stars im bergigen pazifischen Nordwesten. Auffälligster Gipfel ist der **Mount Rainier**, der höchste Berg der Cascade Mountains. Er und seine prächtigen, schnee- und eisbedeckten Nachbarn der **Cascade Range** gehören zum mächtigen **Ring of Fire**, dem aus zahlreichen aktiven Vulkanen bestehenden Feuerring rund um den Pazifischen Ozean. Ihre verheerenden Ausbrüche fanden vor vielen Jahrzehnten, oft schon vor vielen Jahrhunderten statt, zurück blieben wilde Gebirgslandschaften mit phantastischen Bergseen wie am tiefblauen **Crater Lake** in Oregon.

Das Erwachen des Mount St. Helens in Washington

Jüngster Vulkanausbruch des Nordwestens war die spektakuläre Explosion des Mount St. Helens am 18. Mai 1980. Unvergeßlich bleiben die Bilder der kilometerhoch emporquellenden Wolke aus glühendheißer Asche und flüssigem Gestein. An der Stelle des schönen, symmetrischen Berggipfels gähnte nach der Eruption ein gigantisches dampfendes Loch. Die einst vielbesuchte, wildromantische Waldlandschaft am **Spirit Lake** am Fuße des Berges war durch Schutt, Asche und gewaltige Feuerstürme in eine scheinbar leblose Geisterlandschaft verwandelt worden.

Mehr Besucher als je zuvor zieht es zum Mount St. Helens. Am **Windy Ridge** können Sie einen Blick auf den gewaltigen Krater werfen, aus dem Rauch und Schwefeldämpfe aufsteigen und ein neuer Vulkankegel unaufhaltsam emporwächst. Heute blüht und grünt es wieder überall. Die Natur hat sich das Gebiet längst wiedererobert.

Gipfel und Geysire der Rocky Mountains

Weder mit Gletschern noch mit Vulkanen – dafür aber mit mehr als 30 Gipfeln über 4300 Meter – kann der hoch gelegene Bergstaat Colorado aufwarten. Im **Rocky Mountain National Park** überqueren Sie einen 3713 Meter hohen Straßenpaß, bevor Sie die Quellengebiete des berühmten **Colorado River** erreichen. Zwei der mächtigen Gipfel, **Mount Evans** – auf der höchsten asphaltierten Straße der USA – und **Pikes Peak**, erreichen Sie sogar bequem mit dem Auto.

Vor der imposanten Kulisse der steilaufragenden **Grand Tetons** im nordwestlichen Wyoming mäandriert der **Snake River,** dessen Fluten Sie beim Whitewater Rafting bezwingen können. Gleich nördlich davon erreichen Sie den berühmten **Yellowstone National Park**, vielleicht der Höhepunkt auf Ihrer Tour durch den Nordwesten. Es brodelt, dampft, qualmt und zischt aus dem Boden, unterirdische Kräfte speien aus dem vulkanischen Erdinneren. Wasserspritzende Geysire, schweflige Thermalquellen, sprudelnde Kalksteinterrassen, Wasserfälle durch tiefe Canyons: Yellowstone zeigt überall sein mannigfaltiges Gesicht. Publikumsliebling sind die regelmäßigen Fontänen des Geysires **Old Faithful** die Besucherscharen aus aller Herren Länder in atemloses Erstaunen versetzen. Der »alte Getreue« gilt heute als Inbegriff der amerikanischen Nationalparkidee schlechthin, als Symbol ungebändigter Naturgewalt. Er hat noch niemanden unbeeindruckt gelassen.

LESETIP

Einer flog über das Kuckucksnest 1962 von Ken Kesey verfaßter Roman. Die Verfilmung mit Jack Nicholson unter der Regie von Miloš Forman erhielt 1975 mehrere Oskars. Eine Szene wurde in Depoe Bay bei Newport an Oregons Pazifikküste gedreht. Der Roman spielt in einem Nervenspital in Oregon. Dort probt der Patient McMurphy den Aufstand gegen das strenge Anstaltsregiment, stachelt seine Mitpatienten zur Teilnahme an und zusammen brechen sie aus dem Heim aus. Mit grotesker Komik karrikiert Kesey gesellschaftliche Verhaltensmuster in den USA. Auch nach dem Film lesenswert!

Der 1995 neu eröffnete Denver International Airport ist das wichtigste Luftverkehrskreuz im Nordwesten und zugleich das Tor zu den Rocky Mountains.

Die 34 weißen, zeltähnlichen Bedachungen des Denver International Airport symbolisieren die schneebedeckte Silhouette der nahen Rocky Mountains. Für den Nordwesten sind neben Denver auch Seattle und Salt Lake City wichtige Zielflughäfen, sie zählen zu den 30 größten der Welt.

Günstige Preise in der Zwischensaison

Linienflüge gibt es zu den offiziellen Holiday- oder Holiday-Special-Tarifen. Viele Reiseveranstalter und Flugagenturen locken aber mit noch deutlich günstigeren Sonderangeboten.

In der Wintersaison von Oktober bis März liegt der Preis der Linienflüge von Deutschland zwischen 1000 und 1100 DM. In der Hochsaison von Mitte Juni bis Mitte August müssen Sie mit 300 bis 500 DM Aufpreis rechnen. Ideal ist ein Abflugtermin in der Zwischensaison, etwa Anfang Juni oder Ende August, dann gibt es für etwa 1200 DM Linienflüge nach Denver, für knapp über 1300 DM nach Seattle.

Wasserflugzeug in Seattle: nichts für Transatlantikflüge

Billiger wird es auch mit Zwischenstopps im Ausland, etwa Amsterdam oder London. Rund 200 DM billiger als die Konkurrenz der Linienflieger startet das Charterunternehmen **Martinair** von Amsterdam nach Denver oder Seattle.

Am Ankunftsflughafen stempelt der Immigration Officer zunächst die maximal zulässige Aufenthaltsdauer in den Paß, anschließend geht es zur Gepäckausgabe (**baggage claim**), durch den Zoll (**customs**) und bei Umsteigeverbindungen zum Anschlußflug. Am angenehmsten für den Transfer zwischen Flughafen und Hotel bzw. Innenstadt erweisen sich neben den Taxis die zuverlässigen speziellen Airport-Shuttle-Busse, die ohne Zwischenstopps in die Stadt fahren. Lassen Sie es ruhig angehen, verzichten Sie bei Ihrer ersten Fahrt in Amerika auf öffentliche Verkehrsmittel.

Fliegen in den USA

Das Flugzeug ist in den USA ein beinahe alltägliches Verkehrsmittel, entsprechend dicht ist das Streckennetz. Auf vielbeflogenen Routen sorgt der große Wettbewerb darüber hinaus für erfreulich niedrige Ticketpreise.

Im Nordwesten steuert **Northwest Airlines** die meisten Zielorte an. Knotenpunkt für die meisten Flüge westlich der Rocky Mountains ist Seattle, östlich Minneapolis/St. Paul. In Zusammenarbeit mit der niederländischen KLM bietet Northwest zahlreiche Transatlantikflüge mit guten Anschlüssen zu allen wichtigen Flughäfen.

Für **United Airlines** ist Denver der zentrale Knotenpunkt, von dort gibt es Verbindungen zu den wichtigen Städten des Nordwestens. In Kooperation mit Lufthansa bietet die Fluggesellschaft viele Transatlantikflüge an, u. a. Frankfurt–Denver nonstop.

Delta Airlines bedient ab Salt Lake City alle wichtigen Flughäfen des Nordwestens. Die Hauptstadt Utahs wird von Frankfurt direkt angeflogen (im Gegensatz zu Nonstop-Flügen erfolgt bei Direktflügen eine Zwischenlandung, gelegentlich sogar mit Flugzeugwechsel, auch wenn nur eine Flugnummer auf dem Ticket eingetragen ist).

Möchten Sie im Urlaub mehrere Ziele anfliegen, sind die Flugcoupons der großen US-Airlines am günstigsten. Diese ausschließlich in Europa erhältlichen Tickets gelten oft nur in Verbindung mit einem Transatlantikflug derselben Gesellschaft.

Billig fliegen

Hecht im Karpfenteich der großen amerikanischen Fluggesellschaften (Delta, United, American, Continental) ist **Southwest Airlines**, die sich in kürzester Zeit zum sechstgrößten US-Carrier gemausert hat. Die texanische Fluglinie bedient auch Ziele im Nordwesten. Fragen Sie in Ihrem Reisebüro nach Tickets von Southwest, sie werden im Regelfall zu Dumpingpreisen angeboten.

ndividuell und bequem läßt sich der Nordwesten mit seinen schier endlosen Highways am besten mit Mietwagen oder Wohnmobil erschließen.

Auto

Wenn Sie sich ein Wohnmobil oder einen PKW für das unabhängige Reisen mieten, sollten Sie schon von zu Hause ein Fahrzeug reservieren, einschließlich Vollkasko-Zusatzhaftpflichtversicherung und unbegrenzten Freimeilen. Den Wagen übernehmen Sie direkt am Flughafen. Alles, was Sie an Papieren benötigen, sind der nationale Führerschein (gegebenenfalls zusätzlich der internationale) sowie Mietgutschein und Kreditkarte.

Verkehrsregeln

Die Verkehrsregeln in den USA entsprechen im großen und ganzen den europäischen. Einige wichtige Unterschiede sollten Sie aber beherzigen. Die Geschwindigkeitsbegrenzung (**speed limit**) beträgt 65 Meilen pro Stunde (105 km/h) auf Überlandautobahnen, 55 mph (88 km/h) auf Autobahnen in Ballungsräumen bzw. auf Überland-Highways. Innerorts gilt eine Geschwindigkeitsbegrenzung von 35 mph (56 km/h), in der Umgebung von Schulen und Kindergärten sogar oft nur 20 mph (32 km/h). Es besteht absolutes Alkoholverbot!

Halten Sie auf jeden Fall an, wenn Sie einen gelben Schulbus mit Warnblinkern auf der Straße stehen sehen, mit dem ungebärdigen Verhalten der Schulkinder wird in den USA eher gerechnet als bei uns. Erst wenn der Bus nicht mehr blinkt, dürfen Sie weiterfahren. Ebenfalls anhalten müssen Sie an Kreuzungen mit dem Zusatz »4-Way-Stop«, lassen Sie zunächst die Autofahrer durch, die vor Ihnen im Kreuzungsbereich waren. An Ampelkreuzungen ist meistens das Rechtsabbiegen bei Rot erlaubt, es sei denn, es heißt »no turn on red«. Ungewohnt sind vielleicht die hinter bzw. quer über der Straßenkreuzung hängenden Ampeln, die direkt von Rot auf Grün wechseln.

Parken Sie nicht vor Hydranten, in »tow away zones«, auf Straßenabschnitten mit farbig markierten Bordsteinen, vor Schildern mit der Aufschrift »No parking any time«, Sie finden Ihr Auto sonst womöglich oft erst nach teurer Suche wieder.

Schnelle Orientierung unterwegs

Amerikanische Autobahnen (**Interstates, I**), Fernstraßen wie **US**

Highways (kurz US) und **State Routes** (kurz SR) sowie lokale Straßen (**County Roads**, CR) sind mit Nummern und einer Himmelsrichtung gekennzeichnet. Möchten Sie auf der Interstate 5 in Südrichtung von Seattle nach Portland fahren, folgen Sie einfach der Ausschilderung »I-5 South«, in Gegenrichtung lautet die Beschilderung entsprechend »I-5 North«. Zur Vereinfachung sind die Autobahnausfahrten (**exit**) entweder der Reihe nach oder entsprechend ihres tatsächlichen Meilenabstandes durchnumeriert. Beispielsweise legen Sie auf der I-25 zwischen Exit 207 in Denver und Exit 142 in Colorado Springs exakt 65 Meilen zurück.

Pannenhilfe

Bei Autopannen wenden Sie sich zunächst immer telefonisch an Ihre Mietwagenagentur oder eine nahe gelegene Filiale. Unter der Telefonnummer 800/AA-HELP vermittelt der Automobilclub AAA (American Automobile Association) Pannenhilfe.

Eisenbahn

Die einzige überregionale Personenzuglinie der USA verfügt im Nordwesten nur über vier Linien. Selbst zu Metropolen wie Seattle fahren täglich nur vier, nach Denver gar nur drei Züge. Sitzplätze sollten Sie rechtzeitig unter der gebührenfreien Telefonnummer 800/USA-RAIL reservieren, Stehplätze gibt es keine. Für das Bahnfahren müssen Sie viel Zeit mitbringen, der Direktzug zwischen Denver und Seattle beispielsweise braucht 34 Stunden. Zusätzliche Informationen, u. a. über Geltungsbereiche und Saisonzeiten des günstigen **USA Rail Pass**, erteilen Reisebüros daheim.

Mit dem Greyhound-Bus

Ein Vorteil der überregionalen Buslinie sind die im Vergleich zur Eisenbahn deutlich besseren Verbindungen. Es werden nicht nur die großen Metropolen, sondern auch viele Kleinstädte angefahren. Informieren Sie sich bei Ihrem Reisebüro über die nur in Europa erhältlichen, günstigen Greyhound-Ameripässe.

Öffentlicher Nahverkehr

In den USA genießt der Individualverkehr per Auto eindeutig den Vorzug, in Wyoming beispielsweise steht rein statistisch jedem Einwohner mehr als ein angemeldeter Wagen zur Verfügung. Dagegen besitzt das öffentliche Verkehrssystem außerhalb der Zentren eine eher untergeordnete Bedeutung.

Im öffentlichen Nahverkehr werden durchweg Busse eingesetzt. Halten Sie den Fahrpreis stets abgezählt bereit, die Fahrer geben kein Wechselgeld heraus. Selbst in Millionenstädten wie Denver und Seattle gibt es weder U- noch S-Bahn. Denver verfügt lediglich über eine neue **Light Rail**, und Portland kann mit einer Straßenbahn aufwarten.

Von preiswerten Motels bis zu urigen Zimmern auf einer Ranch ist alles vertreten. Kein Land ist besser auf Reisende eingestellt als die USA.

Dank des großen Angebotes finden Sie im Nordwesten leicht eine passable Unterkunft. An den Ortsdurchgangsstraßen und Autobahnabfahrten oder in touristisch interessanten Gebieten gibt es meist eine Reihe von Quartieren unterschiedlicher Preisklassen. Hotels und Motels zeigen durch das Schild »Vacancy« an, daß sie Zimmer frei haben.

Reservieren sollten Sie rechtzeitig für die Tage der An- und Abreise, für Aufenthalte in den Nationalparks Glacier, Grand Teton, Mount Rainier, Olympic und Yellowstone, für Ferienwochenenden an der Pazifikküste, für Ranchaufenthalte und an speziellen Festivitäten (Cheyenne Frontiers Day, Pendleton Round-Up u. a.). Per Telefon oder Fax können Sie unter Angabe der Kreditkartennummer ein Zimmer bestellen. Viele Hotels und alle großen Hotelketten verfügen zudem über gebührenfreie Telefonnummern (**toll free numbers**), die mit der Zahl 800 beginnen.

Hotels und Motels

Große internationale Luxushotels sind Marriott, Hyatt u. a., zu den Kettenhotels der Mittleren Preisklasse mit zuverlässigem Standard zählt insbesondere Best Western (Hotelverzeichnis unter Tel. 0130/44 55 anfordern), Travelodge (Hotelverzeichnis un-

Hotelsuche?
Kein Problem im Nordwesten

ter Tel. 0130/29 44) bietet ein gutes Preis-Leistungs-Verhältnis, günstig und qualitativ ansprechend ist die Motel-6-Kette. Preisgünstige Einzelzimmer gibt es kaum. Dafür kosten zusätzliche Übernachtungsgäste im Zimmer oft nur einen geringen Zuschlag. Für ein Frühstück müssen Sie extra bezahlen. Fragen Sie nach günstigen »Weekend Specials«.

Bed & Breakfast

Der Trend geht weg vom unpersönlichen Motel hin zu überaus charmanten Privathäusern mit individueller Betreuung. Übernachtungen mit Frühstück in originell eingerichteten Gästezimmern, oftmals in historischen Häusern,

werden immer beliebter. In den allerdings nicht ganz preiswerten Quartieren treffen Sie die anderen Gäste abends vor dem Kamin oder morgens beim Frühstück. Auskünfte vermitteln spezielle Bed & Breakfast Guides.

Hotels sind bei den einzelnen Orten im Kapitel »Sehenswerte Orte und Ausflugsziele« beschrieben.

Preisklassen

Die Preise beziehen sich auf ein Doppelzimmer für zwei Personen ohne Früstück.
Luxusklasse ab 150$
Obere Preisklasse ab 100$
Mittlere Preisklasse ab 50$
Untere Preisklasse bis 50$

DER BESONDERE TIP

Nevada City Hotel in Montana Hier kommen Freunde des Wilden Westens auf ihre Kosten. Das authentische Blockhaushotel aus der Jahrhundertwende steht in der ehemaligen Goldgräberstadt Nevada City, heute ein schmuckes Museumsdorf. Oder reizt es Sie, statt im Haupthaus in einer der zwei originalen Goldsucher-Holzhütten mit überwachsenen Dächern zu schlafen? Alle Zimmer haben weder Fernsehen noch Telefon, einige sind stilecht mit antiken Möbeln eingerichtet. Und abends, zu einer zünftigen Runde in historischem Ambiente, nehmen Sie Ihre Spielkarten in den seit Jahrzehnten stillgelegten Saloon mit. Nur vom 25.5. bis 14.9. geöffnet, P.O. Box 338, Virginia City, MT 5 97 55, Tel. 406/843-5377 oder 800/648-7588, Fax 406/843-5377, 31 Zimmer, Mittlere Preisklasse (AMEX, EC, Visa)　　　　■ F 3

Regionale Fleisch- und Fischspezialitäten findet man im Nordwesten überall auf der Speisekarte. Ebenfalls sehr populär: Barbecue unter freiem Himmel.

Außerdem treffen Sie im Nordwesten auf die allgegenwärtige Fast-food-Kultur. Doch auch die Auswahl an guten Restaurants ist groß und vielfältig, oft finden Sie originelle Lokale mit ausgewählten Spezialitäten.

Bisonfleisch – Spezialität aus alten Tagen

Die einst großen Büffelherden, die wichtigste Nahrungsgrundlage vieler Indianervölker, sind durch die Weißen im 19. Jahrhundert fast vollständig ausgerottet worden. Doch aufgrund von erfolgreichen Zuchtmaßnahmen ist der Bestand von Bisons heute wieder gesichert.

Buffalo beef burgers, buffalo meatloaf und andere Büffelgerichte stehen nun auf den Speisekarten vieler Guest Ranches, aber auch städtischer Restaurants. Der geschmackliche Unterschied zum Rindfleisch ist nicht besonders groß, es wird ähnlich geschnitten und zubereitet, doch ist Bisonfleisch dank der natürlichen Aufzucht der Tiere wohl gesünder.

Krabbenfischer in Newport, Oregon

Frisches aus Salz- und Süßwasser

Am Pazifik geraten Seafoodfans ins Schwärmen. Meeresfrüchte zählen zu den Delikatessen Washingtons und Oregons. In den Küstenorten reiht sich oftmals ein Fischrestaurant an das andere. Fragen Sie unbedingt nach dem **catch of the day**, den täglich wechselnden frischen Krebs-, Fisch- und Muschelgerichten.

Seafood ist relativ billig, das Angebot vielfältig: Sie können wählen zwischen einem Eimer voller Austern (**bucket of oysters**) – außerhalb des Hochsommers sind die Austern am besten –, Krebsen (**crabs**), Lachs (**salmon**) oder Forellen (**trout**) aus den nahen Bergflüssen.

Viele Restaurants im Stil der Nordwestküstenindianer grillen den Lachs nach alter Sitte über dem offenen Holzfeuer. An der Pazifikküste dauert die Lachssaison von Frühjahr bis Herbst. Der größte Lachs, der **chinook (king) salmon**, bringt bis zu 50 Kilogramm auf die Waage. Weniger fett als sein großer Bruder, aber sehr schmackhaft ist die kleinste pazifische Lachsart, der **pink humpback salmon**.

Die schmackhafteste Krebsart ist der zwischen ein und drei Pfund schwere **dungeness crab**, der entlang der gesamten Pazifikküste zwischen Alaska und Mexiko vorkommt. Sein rosafarbenes Fleisch schmeckt süßlich und saftig. Doch auch wer Fisch und Meeresfrüchte nicht mag, muß nicht hungern.

Steaks und Spare Ribs

An sommerlich-sonnigen Sonn- und Feiertagen wird im Nordwesten am liebsten ein Barbecue (kurz BBQ) unter freiem Himmel veranstaltet. Auch für Reisende ist das Grillen kein Problem: Grillkohle und preiswerte **steaks**, **spareribs** und **barbecue chickens** gibt es in jedem Supermarkt. In den meisten Parks finden Sie spezielle **picnic areas** mit Grillstellen. Dazu gibt es Maiskolben, Weißbrot, Bohnen und Kohlsalat. In der heißen Glut eines niedrigen Feuers lassen sich zum Abschluß süße, mausespeckähnliche Marshmallow-Bällchen braun rösten. Außen leicht gebräunt und innen schmelzig-weich sind sie genau richtig!

Üppiges Frühstück, kleine Mittagsmahlzeit

Das typisch amerikanische Frühstück fällt zumeist sehr üppig aus. Dazu gehören u. a. wahlweise Rührei oder Spiegeleier, gebratener Speck oder kleine würzige Würstchen, gekochter Schinken, Röstis (**hash browns**), mit Schinken oder Rührei gefüllte Tortillas (**breakfast burritos**) oder Pfannkuchen (**pancakes**) mit Butter und Sirup sowie Orangensaft. Kaffee schenkt man Ihnen meist nach, soviel Sie mögen.

Nach dem reichhaltigen Frühstück wird selten ausgiebig Mittag gegessen. Lunch ist in den USA eher eine kurze Zwischenmahlzeit mit Hamburgern, Sandwiches oder Salaten.

Dinner – die Hauptmahlzeit des Tages

Bleibt den Amerikanern keine Zeit zum gediegenen Mittagessen, legen sie Wert darauf, bei der abendlichen Hauptmahlzeit vor einem gutgefüllten Teller zu sitzen. Zur Dinnerzeit wird es in manchen Restaurants sehr voll, und Sie werden gebeten zu warten, bis Sie an der Reihe sind (»Please wait in line«). »Please wait to be seated« heißt es in jedem Fall, bis man Sie zu einem freien Tisch geleitet. Sie geben zuvor an, ob Sie lieber im Raucher- oder Nichtraucherbereich sitzen möchten.

Steakhäuser servieren oft mächtige Portionen Fleisch und Beilagen. Steaks kommen **well done** (durch), **medium** (halb durch) oder **rare** (blutig) gebraten auf den Teller. Besonders lecker sind über Mesquiteholz gegrillte Steaks (**mesquite-grilled**).

Wahlweise greifen Sie zu beim »All you can eat«-Buffet mit Salaten, Nudeln, Gemüsen und Saucen inklusive Dessert mit Obst, Wackelpudding und anderen süßen Sachen. Hier können Sie für relativ wenig Geld so viel essen, wie Sie mögen.

Pizzarestaurants sind in den USA so populär wie Fast-food-Lokale und daher beinahe allerorten anzutreffen. Insbesondere am frühen Samstagabend sind sie hauptsächlich Treffpunkt von Familien. Am beliebtesten sind Riesenpizzen, die von allen gemeinsam vertilgt werden.

Achten Sie bei den Rechnungen (**check**) darauf, je nach Service rund 15 Prozent Trinkgeld, in guten Restaurants auch mehr, für die Bedienungen am Tisch zu hinterlassen.

Es muß nicht immer ein Bier vom Faß sein...

18

Alkoholische Getränke

Verkauf oder Ausschank alkoholischer Getränke an Personen unter 21 Jahren sind in den USA strikt verboten. Bars und Diskotheken führen Ausweiskontrollen durch, nehmen Sie Ihren Ausweis (**ID**) mit. In einigen Regionen werden Spirituosen nur in speziellen Läden (**liquor stores**) verkauft, an Sonntagen ist mancherorts der Verkauf sogar untersagt.

Der Weinanbau gewinnt im Nordwesten, vor allem in Washington und Oregon, immer mehr an Bedeutung. Das trockene und sonnige Klima im Hinterland des pazifischen Nordwestens bietet hervorragende Anbaubedingungen: Washington ist nach Kalifornien der zweitwichtigste Weinproduzent der USA. Washingtons Weingüter (**wineries**) konzentrieren sich hauptsächlich auf das Yakima Valley zwischen Yakima und Columbia River. Oregons Willamette Valley zwischen Salem und Portland weist gleichfalls eine beachtliche Zahl an schön gelegenen Weingütern auf.

Restaurants sind bei den einzelnen Orten im Kapitel »Sehenswerte Orte und Ausflugsziele« angegeben.

Preisklassen
Die Preise beziehen sich in der Luxusklasse und der Oberen Preisklasse auf ein dreigängiges Menü, in der Mittleren Preisklasse auf ein Hauptgericht mit Vorspeise, in der Unteren Preisklasse im wesentlichen nur auf das Hauptgericht. Steuern, Trinkgeld und Getränke sind in den Preisangaben nicht enthalten.
Luxusklasse ab 40 $
Obere Preisklasse ab 25 $
Mittlere Preisklasse ab 10 $
Untere Preisklasse bis 10 $

DER BESONDERE TIP

The Ringside West in Portland, Oregon Die USA sind das Land der Steaks. Gemäß dieser Tradition ist The Ringside West eine Institution in Portland, seit über 50 Jahren werden hier Steaks serviert. Das beste Steakhouse der Stadt erfreut sich einer festen Stammkundschaft, ein Grund dafür ist nicht zuletzt die exzellente und freundliche Bedienung. Versuchen Sie Steaks oder Prime Ribs und als Krönung die mindestens genauso guten, knusprigen Zwiebelringe. Reservierung empfehlenswert. 2165 W. Burnside (westlich der Burnside Bridge, hinter dem Civic Stadium), Tel. 503/223-1513, nur Dinner, tgl. ab 17 Uhr, So ab 16 Uhr, Obere Preisklasse (AMEX, EC, VISA) ■ B 2

Eßdolmetscher

A

all you can eat: »essen, soviel Sie mögen«
almonds: Mandeln
appetizer: Vorspeise
applepie: Apfelkuchen
artificial: künstlich
asparagus: Spargel

B

bacon: Speck
baked potato: Folienkartoffel
bakery: Bäckerei
barbecue: Grill/en
– *chicken:* Grillhähnchen
beans: Bohnen
beef: Rindfleisch
blackberries: Brombeeren
blueberries: Heidelbeeren
blue cheese: Blauschimmelkäse
bread: Brot
breakfast: Frühstück
bun: Brötchen

C

cake: Kuchen
candy: Süßwaren, Bonbon
carrots: Möhren
catfish: Wels
catch of the day: fangfrischer Fisch
cauliflower: Blumenkohl
cereal: Cornflakes, Müsli
cheesecake: Käsekuchen
cherries: Kirschen
chicken: Hühnerfleisch, Hähnchen
– *fried chicken:* paniertes Hähnchenfleisch
chile: Pfefferschote
chive: Schnittlauch
chocolate: Schokolade, Kakao
chop: Kotelett
cinnamon: Zimt
clam: Muschel
– *chowder:* Muschelsuppe
coconut: Kokosnuß

cod: Kabeljau
coffee: Kaffee
coleslaw: Kohlsalat
cookie: Plätzchen
corn (on the cob): Mais(-kolben)
cottage cheese: Hüttenkäse
country cooking: Hausmannskost
crabs: Krebse
cranberries: Preiselbeeren
crawfish, crayfish: Flußkrebs
cream: Sahne
cucumber: Gurke

D

dairy products: Molkereiprodukte
Danish pastry: Blätterteiggebäck
decaffeinated (decaf): koffeinfrei
dessert: Nachtisch
dinner: Hauptmahlzeit
doggie bag: Papiertüte für Reste zum Mitnehmen
doughnuts, auch donuts: Schmalzkringel mit einem Loch in der Mitte
drinking water: Trinkwasser
dumplings: Klöße

E

eggs over easy: Spiegeleier, beidseitig leicht gebraten
– *sunny-side-up:* Spiegeleier
entree: Hauptgericht

F

flavor: Geschmack, Sorte (bei Eis)
French fries: Pommes frites
fried: gebraten
– *fried steak:* zartgeklopftes, paniertes Steak
fruit: Frucht, Obst
– *juice:* Fruchtsaft

G

game: Wildbret
garlic: Knoblauch
grape: Weintraube
gravy: Bratensauce

grits: Maismehlgrütze
ground beef: Gehacktes
guacamole: Avocadocreme mit
Limonensaft, Gewürzen, Zwiebeln

H

ham: Schinken
hash browns: Röstkartoffeln
herbs: Kräuter
homo(-genized) milk: Vollmilch
honey: Honig
honeydew melon: Honigmelone
horseradish: Meerrettich
hot: heiß, aber auch scharf
– *chocolate:* heiße Schokolade
– *fudge sundae:* Eis mit heißer
Schokoladensauce

I

icecream: Speiseeis
– *cubes:* Eiswürfel
– *tea:* Eistee

J

jam: Konfitüre
jelly: Gelee

L

lamb: Lamm
lemon: Zitrone
lettuce: Kopfsalat
liqueur: Likör
liquor: Spirituosen
lobster: Hummer
lunch: Mittagessen

M

maple syrup: Ahornsirup
marinated: mariniert
mashed potatoes: Kartoffelpüree
meat: Fleisch
– *balls:* Fleischklöße
medium: englisches Steak
menu: Speisekarte
milk: Milch

muffin: Teekuchen
mushrooms: Pilze
mustard: Senf

N

nachos: Maischips
noodles: Nudeln

O

onion: Zwiebel
– *rings:* Zwiebelringe
orange juice: Orangensaft
oysters: Austern

P

pancake: Pfannkuchen
parsley: Petersilie
pasta: Teigwaren, Nudelgerichte
peach: Pfirsich
pear: Birne
peas: Erbsen
pecan: Pekannuß
pepper: Pfeffer
peppers: Paprikaschoten
pie: Torte, Kuchen
pineapple: Ananas
plum: Pflaume
pork: Schweinefleisch
potatoes: Kartoffeln
prawns: Garnelen
produce: Obst und Gemüse
pumpkin: Kürbis

R

raisins: Rosinen
rare: innen blutiges Steak
raspberries: Himbeeren
red wine: Rotwein
refill: Nachfüllen der Getränke
refried beans: gebratenes Bohnen-
pürree
rib: Rippenstück
roast beef: Rost-, Rinderbraten
root beer: Limonade aus Kräuter-
oder Wurzelextrakten
rye bread: Roggenbrot

S

salad bar: Salatbuffet
– dressing: Salatsauce
salmon: Lachs
salt: Salz
sausage: Wurst
scallops: Jakobsmuscheln
scrambled eggs: Rühreier
seafood: Meeresfrüchte
shrimps: Krabben, Garnelen
sirloin steak: Lendensteak
slice: Scheibe
smoked: geräuchert
soda pop: Limonade
sodawater: Soda-, Mineralwasser
soft-boiled egg: weichgekochtes Ei
soft drink: nichtalkoholisches Getränk
soup: Suppe
sour cream: saure Sahne
spareribs: Rippchen
sparkling wine: Schaumwein, Sekt
spinach: Spinat
stew: Eintopf
strawberries: Erdbeeren
sugar: Zucker

T

tea: Tee
tip: Trinkgeld
tomato: Tomate
trout: Forelle
tuna: Thunfisch
turkey: Truthahn

V

veal chop: Kalbskotelett
vegetables: Gemüse
vinegar: Essig

W

waiter: Kellner
waitress: Kellnerin
waffles: Waffeln
watermelon: Wassermelone
walnut: Walnuß
well done: durchgebraten
wheat bread: Weizenbrot
whipped cream: Schlagsahne
white wine: Weißwein
whole milk: Vollmilch

Symbol für Thanksgiving, das Erntedankfest: Kürbisse

Shop 'til you drop«: Im Land der unbegrenzten Einkaufsmöglichkeiten locken niedrige Preise, flexible Öffnungszeiten und ein riesiges Warenangebot.

Die USA sind das Einkaufsparadies schlechthin: Dank des günstigen Dollarkurses ist fast alles erheblich billiger als in Europa. Jeansmarken wie Levis oder Wrangler kosten nicht einmal halb soviel wie zu Hause. Aus dem gleichen Grund gehört Sportbekleidung von Nike und Converse zu den begehrten Marken. Auch Kameras, Fotoausrüstungen, Videogeräte, CDs gibt es deutlich preiswerter als bei uns, doch vergessen Sie beim Kauf nicht, daß Elektroanschlüsse auf 220 Volt umgestellt werden und Videos die PAL-Norm haben müssen. Angesichts dieser Schnäppchen kaufen einige USA-Urlauber, was die Kreditkarte hergibt und sie so eben noch zum Flughafen tragen können. Doch Vorsicht – der heimische Zoll führt mittlerweile genaue Kontrollen durch, erkundigen Sie sich also rechtzeitig, ob sich die Einkäufe auch mit Zollaufschlag noch lohnen!

Besonders günstig: Factory outlet centers

Steigender Beliebtheit erfreuen sich in den letzten Jahren die Factory outlet centers, wo Waren im Direktverkauf angeboten wer-

den. In steril-sauberem Dorfambiente reihen sich die Ladenlokale aneinander. Qualitätsartikel auch renommierter Produzenten (Nike, Levis, Calvin Klein, Benetton) gibt es in riesiger Auswahl, sie stammen größtenteils aus Vorjahres- und Überproduktionen.

Shopping malls – ein Freizeitvergnügen

Vollklimatisierte, luxuriöse Einkaufszentren machen sich nicht nur auf der »grünen Wiese« und in den Vorstädten breit, sondern erobern auch die Innenstädte, wo sie in alte Fabrikgebäude oder Wohnhäuser einziehen bzw. ehemalige Baulücken füllen. Außerhalb der Städte warten riesige kostenlose Parkplätze auf den Kunden, das lästige Parkplatzproblem der Innenstädte oder teure Parkhäuser fallen dort weg.

Insbesondere an Wochenenden geraten Einkaufsbummel in der Mall für viele Amerikaner zur Hauptbeschäftigung. Doch sind die Malls nicht mehr nur zum Einkaufen da, sondern auch zum Zeitvertreib. Restaurants und Kinos sorgen für Kurzweil während oder nach dem Einkaufen, die Mall wird zu einer Art Ersatz für

DEN NORDWESTEN DER USA ERLEBEN

das fehlende Stadtzentrum. Für Europäer gehören die Malls sicherlich ebenfalls zu den attraktivsten Einkaufsmöglichkeiten. Alles liegt unter einem Dach, und man ist vor Wind und Wetter, Hitze und Kälte geschützt.

Suchen Sie gutsortierte Spezialliteratur, qualitativ hochwertige Souvenirs oder regionaltypische Andenken, sollten Sie sich in den Museum Stores umsehen. Empfehlenswert sind insbesondere die Andenkenläden (**gift shops**) der meisten größeren Kunst- oder Geschichtsmuseen, aber auch viele gutsortierte Verkaufsräume direkt in den Visitors Centers der National oder State Parks.

Öffnungszeiten

In den USA sind die Öffnungszeiten generell deutlich länger als in Europa. Supermärkte sind im allgemeinen täglich, d. h. auch an Sonn- und Feiertagen, von 9 bis 22 Uhr geöffnet, Shopping Malls in der Regel an Werktagen zwischen 10 und 21 Uhr und an Sonntagen zwischen 12 und 18 Uhr. Nur kleine Geschäfte schließen früher. Für Reisende besonders angenehm sind die zahlreichen rund um die Uhr geöffneten Supermärkte und gutsortierten Minimarts an den Tankstellen.

Barzahlung oder Kreditkarte

In den meisten Geschäften werden Kreditkarten akzeptiert. Die gängigsten sind MasterCard (entspricht der Eurocard) und VISA, gefolgt von American Express und Diners. Insbesondere bei größeren Summen zahlt kaum jemand bar.

DER BESONDERE TIP

Garden of the Gods Trading Post in Colorado Springs, Colorado Die traditionelle Handelsstation, heute ein großer, gutsortierter Andenkenladen, wurde bereits im Jahre 1900 gegründet. Angeboten werden einheimische Schmuckstücke und Kunsthandwerk sowie eine umfassende Auswahl an Artikeln »made in Colorado«. Die Preise sind akzeptabel. Hier finden Sie bestimmt ein Souvenir oder ein passendes Geschenk. Besonders empfehlenswert ist die Southwestern Art Gallery mit Decken, Töpferwaren, Bildern und anderen Kunstwerken der Indianer aus dem Südwesten. Tgl. bis 21 Uhr geöffnet.   ■ K 6

Die USA sind ein ideales Reiseland für Familien: Ob in Hotels, Restaurants oder Vergnügungsparks, hier ist man beinahe überall auf Kinder eingestellt.

In Restaurants wie Pizza Hut, Sizzler oder Ponderosa Steak House treffen sich viele Familien zum Abendessen. Für die Kleinen stehen Kinderstühle (**high chair**) zur Verfügung, und es gibt Kinderportionen (**kid's meal**), Babywickeltische finden sich in Waschräumen von Restaurants und Kaufhäusern. Die großen Vergnügungsparks verleihen sogar Kinderwagen (**baby stroller**). Viele größere Städte besitzen **Children's Museums**, in denen kindergerechte Ausstellungen präsentiert werden.

Wasserparks mit rasant-spritzigen Wasserrutschen wie **Raging Waters** in Salt Lake City, **Wild Waters Waterslide Theme Park** in Boise (Idaho) besitzen für Kinder magische Anziehungskraft. Ebenfalls beliebt sind die Vergnügungsparks mit Achterbahnen und allem, was dazu gehört! Kids werden ihre helle Freude haben an den **Elitch Gardens** in Denver oder dem **Lagoon Amusement Park** bei Salt Lake City. Die einzelnen Wasser- und Vergnügungsparks sind unter den jeweiligen Orten aufgeführt.

Dampferfahrt auf dem Columbia River: auch für Kinder ein Erlebnis

DEN NORDWESTEN DER USA ERLEBEN

Georgetown Loop Railroad & Lebanon Mine Tour in Colorado ■ I 6

Die 5 km lange Tour in den offenen Waggons der Dampfeisenbahn führt in schwindelnder Höhe von Georgetown nach Silver Plume. Vor der Rückfahrt geht es durch die ehemalige Lebanon-Silbermine.
Abfahrt: Georgetown (Ausfahrt 228 von I-70) oder Silver Plume (Ausfahrt 226 von I-70)
Tgl. Ende Mai–Anfang Okt.
Eintritt Erwachsene 10,95 $, Kinder 6,50 $ (nur Zugfahrt); inkl. Minentour 3,50 $ bzw. 1,75 $

Schaufelraddampfer »Columbia Gorge« in Oregon/ Washington ■ B 2

Eine Fahrt mit dem nostalgischen Sternwheeler »Columbia Gorge« führt zwischen dem Bonneville Dam und Stevenson (östlich von Portland) durch das Tal des Columbia River.
Abfahrt: Cascade Locks Marine Park (Ausfahrt 44 von I-84)
Mitte Juni–Mitte Okt. tgl. 10, 12.30 und 15 Uhr
Eintritt Erwachsene 11,95 $, Kinder 5,95 $

Snow King Scenic Chairlift and Alpine Slide in Jackson, Wyoming ■ G 4

Ab geht es mit dem Sessellift auf den Snow King Mountain! Von dort hat man eine tolle Aussicht auf Stadt und Berge. Höhepunkt ist die 800 m lange Schlittenabfahrt, die Geschwindigkeit des Schlittens läßt sich individuell regeln.
Juni–Anfang Sept. tgl. 9–18 Uhr
Eintritt Sessellift Erwachsene 6 $, Kinder 4 $; Alpine Slide Erwachsene 7 $, Kinder ab 7 Jahren 7 $

Strandwandern im Olympic National Park, Washington ■ A 1/B 1

Ein Bummel entlang des ursprünglichen, wildromantischen Sandstrandes ist für kleine und große Strandwanderer ein Erlebnis. Man kann über riesige Wurzeln steigen, Muscheln suchen, vor den Wellen weglaufen und bei der Ebbe Meerestiere in Tümpeln am Meer beobachten. Am besten eignen sich **Rialto Beach** (Westende von Hwy 110) und **Ruby Beach** (Hwy 101 nördlich von Quants).

DER BESONDERE TIP

Buckskin Joe bei Canon City, Colorado Die ansprechend rekonstruierte Wildweststadt aus der Mitte des letzten Jahrhunderts diente bereits als Schauplatz mehrerer Verfilmungen. »Action« mit Pistolenduellen, Goldschürfen und Postkutschenfahrten steht hier auf der Tagesordnung, dazu eine Zugfahrt bis an den Rand der Royal Gorge mit Blick auf die Brücke und ein antikes Automuseum. Zufahrt US Hwy 50, 13 km westlich von Canon City, Abzweigung zur Royal Gorge Bridge, Ende Mai–Sept. tgl. 9–19.30 Uhr; Eintritt Kombinationsticket für alle Attraktionen Erwachsene 12 $, Kinder 10 $ ■ K 6

I m Nordwesten ist für jeden Sportfreund etwas dabei: von Windsurfen über Westernreiten bis zum Golfspielen, von Bergwandern über Skilaufen bis zum Whitewater Rafting.

Die USA sind ein Mekka für Sportler, die Auswahl an Sportarten ist riesig. Zu den beliebtesten zählt **Golf**, hierzulande dürfen Sie auf zahlreichen privaten oder öffentlichen Plätzen ohne eine eigene Mitgliedschaft spielen, und niemand überprüft Ihr Handicap.

Auch für **Windsurfer** hat der Nordwesten einiges zu bieten. Als eine der weltbesten Adressen wird der **Columbia River** an der Grenze zwischen Washington und Oregon gehandelt. In der engen Columbia River Gorge zwischen Bonneville Dam und Hood River bläst der Wind unentwegt, zweimal jährlich finden auf den Wellen des Columbia bedeutende Wettbewerbe statt.

Im Nordwesten gibt es außerdem eine Reihe von heißen **Mineralquellen** für den Badebetrieb. Dazu gehören u. a. die **Sol Duc Hot Springs** in Washingtons Olympic National Park, der riesige **Glenwood Hot Springs Pool** und die **Steamboat Springs** in Colorado, die Sinterterrassen und das Badehaus von **Thermopolis** in Wyoming und die **Lava Hot Springs** von Idaho.

Das Mündungsgebiet des Columbia River ist ein Dorado für Surfbegeisterte

DEN NORDWESTEN DER USA ERLEBEN

Reiten

Cowboyromantiker kommen in den Rocky Mountains auf jeden Fall auf ihre Kosten. Es werden phantastische Geländeritte (**trail rides**) und stimmungsvolle Cowboyabende veranstaltet, und die Berge lassen sich bequem auf dem Rücken eines Pferdes entdecken. Reitställe (**riding stables**) gibt es in vielen National und State Parks. Die komfortablen **Dude Ranches** haben sich ganz auf Urlauber eingestellt, Viehwirtschaft wird dort kaum noch betrieben. Die ursprünglicheren **Working Ranches** sehen in der Tierhaltung noch ihren Haupterwerb, nehmen aber auch Gäste auf, die dann unter Anleitung der **wranglers** (Cowboys) am Ranchleben teilnehmen. Dort finden Sie von rustikalen Quartieren bis zum komfortablen Zimmer Unterkünfte in allen Preisklassen. Vielfach wird ein Ranchurlaub wochenweise angeboten, im Preis enthalten sind dann Übernachtung und sämtliche Aktivitäten.

Wandern

Vorzüglich zum Wandern eignen sich die kurzen Naturpfade (**nature trails**), Holzstege (**boardwalks**) oder längere Wanderwege in den Nationalparks und einigen State Parks. In den jeweiligen **Park Visitors Centers** gibt es weitergehende Informationen sowie Trail Maps oder Broschüren mit den schönsten Kurzwanderwegen. Außerhalb der Parks sind lohnende Wanderwege eher selten, Wandern wird bei den Amerikanern nicht so großgeschrieben wie bei uns.

Whitewater Rafting

Whitewater Rafting ist eine der großen Attraktionen im Nordwesten. Das Schlauchbootfahren auf wilden Flüssen findet zunehmend mehr Anhänger. Unter erfahrener Führung geht es durch steile Schluchten und rasante Stromschnellen. Lassen Sie Reservekleidung am Zielort deponieren, Sie

Kraxeln am Mount Evans: die höchste Bergstraße der USA führt herauf

werden mit Sicherheit naß! Zu den besten, weil strömungsreichsten Zeiten gehört der Frühsommer, je nach Niederschlagsmenge und Schneeschmelze sind die Flüsse im Herbst eher flau.

Die Region der wilden Flüsse ist **Idaho** und Höhepunkt im wahrsten Sinne des Wortes der großartige **Salmon River** mit seinen Nebenarmen. Sie können zwischen einem halbtägigen Schnuppertrip oder einer sechstägigen Whitewater Rafting Tour durch die absolute Wildnis wählen! Zwei weitere populäre Whitewater-Flüsse in Idaho sind der **Snake River** durch den beeindruckenden **Hells Canyon** und der **Payette River**.

Für Oregons fabelhaften Raftingfluß, den **Rogue River**, wenden Sie sich nach **Grants Pass**. Wyomings populärstes Whitewater-Revier liegt bei **Jackson** am Oberlauf des **Snake River**. Im nördlichen Nachbarn Montana genießt insbesondere der **Flathead River** am Glacier National Park große Attraktivität. Und auch

Colorado besitzt mit dem Oberlauf des **Arkansas River** eines der bedeutendsten Whitewater-Reviere der USA. Die einzelnen Whitewater-Rafting-Touren sind im Kapitel »Sehenswerte Orte und Ausflugsziele« beschrieben.

Wintersport

In die **Rocky Mountains** locken einige der bekanntesten Skigebiete der Welt. Insbesondere im Dreieck Colorado/Wyoming/Utah finden Sie großartige, garantiert schneesichere Regionen mit schnittigen Abfahrten für jeden Schwierigkeitsgrad. Star unter den Skiorten in Colorado ist **Aspen** (→ Routen und Touren), ebenso renommiert sind **Vail**, die Stätte der alpinen Skiweltmeisterschaft von 1989, und **Glenwood Springs**. **Salt Lake City**, am Fuße der schneereichen Wasatch Mountains gelegen, ist bei vielen amerikanischen Skifans sehr populär. Der Ausrichter der Olympischen Winterspiele 2002 verfügt mit **Alta/Snow-**

Raftingtour auf dem Snake River im Teton National Park/Wyoming

bird und **Park City** über exzellente Skiregionen in unmittelbarer Stadtnähe. Wyomings Top-Skigebiet ist **Jackson**, ein gleichermaßen populäres Sommer- wie Winterdomizil, ebenso wie **Sun Valley** in Idaho.

Strände

Ein Blick auf die Landkarte läßt leicht falsche Vorstellungen entstehen. Der Nordwesten besitzt zwar einen langen Küstenstreifen, doch nördlich von Kalifornien erreicht der Pazifik nie behagliche Badetemperaturen. Dennoch gibt es eine Handvoll Badereviere mit flachen Sandstränden, an denen sich das Wasser doch ein wenig erwärmt.

Long Beach ■ A 2
Knapp nördlich der Grenze zu Oregon erstreckt sich entlang der schmalen Halbinsel Long Beach der mit 45 km längste Sandstrand Washingtons. Das populäre

TOP TEN
3

Feriengebiet am Pazifik ist wegen seiner Ausdehnung selbst im Hochsommer nicht überfüllt. Wandern Sie die Küste entlang oder machen Sie ein Picknick am breiten Strand. Auf dem festen Sandstrand dürfen Sie sogar mit dem Auto fahren. Geschützte Buchten gibt es auf der südlichen Halbinsel (Fort Canby State Park).

Seaside ■ A 2
Schöner, fast ebener Sandstrand in Oregon kurz vor der Grenze zu Washington. Ein ebenfalls sehr populärer 15 km langer Sandstrand liegt etwas weiter südlich in **Cannon Beach**.

Sunset Bay ■ A 3
Von den zahlreichen idyllischen State Parks entlang der Küste von Oregon verfügt dieser Küstenabschnitt bei **Coos Bay** über einen besonders geschützten Badestrand.

DER BESONDERE TIP

Auf den höchsten Berg Colorados, den Mount Elbert Der mit 4399 Metern höchste Berg der Rocky Mountains wirkt von der Hauptstraße im Tal des Arkansas River wenig spektakulär, es gibt weder Steilwände noch Gletscher. Doch deshalb erreichen Sie den Gipfel auch auf bequemen Bergpfaden ohne Kletterei oder Gletscherbegehung – im Frühsommer aber über Schneefelder. Zweigen Sie in Malta vom Highway 24 auf den Highway 300 ab, und fahren Sie bis hinter den Halfmoon und Elbert Creek Campground. Der Ausgangspunkt der Wanderung (markierter Trailhead mit Parkplatz) liegt bereits auf 3000 Meter Höhe! Folgen Sie zunächst dem Trail nach Süden, dann dem Nordostgrat auf den Gipfel des Mount Elbert, insgesamt acht Kilometer (eine Strecke). ■ I 6

R

Rodeos und indianische Feste, Konzerte und Paraden, Seafood-Festivals und Landwirtschaftsausstellungen – es wird viel geboten im Nordwesten.

Zum Standardprogramm des Sommers gehören ausgiebige Feiern anläßlich des **Fourth of July**, des amerikanischen Nationalfeiertags. Wer Trubel und Unterhaltung sucht, bekommt am 4. Juli selbst in kleinsten Orten flaggengeschmückte Paraden, Festveranstaltungen und abendliches Feuerwerk geboten.

Die klassischen Herbstfeste sind die großen **State Fairs** der jeweiligen Bundesstaaten. Ursprünglich aus ländlichen Jahrmärkten entstanden, bieten sie heute zumeist eine ein- bis zweiwöchige bunte Mischung aus Agrarmesse, Kirmes und Showveranstaltungen.

Indian Pow Wows wurden in den letzten Jahren zunehmend beliebter. Vorstellungen traditioneller Tänze, Sitten und Gebräuche, indianisches Essen sowie ein zumeist reichhaltiges Beiprogramm haben begeisterte Zuschauer gefunden.

In der **Yakima Indian Reservation** in Washington finden Pow Wows mit Rodeos am zweiten Juniwochenende und am Wochenende des 4. Juli statt. In **Fort Duchesne** in der Uintah und Ouray Indian Reservation bei Vernal, Utah, führen Ute-Indianer, ebenfalls um den Nationalfeiertag, ein Pow Wow mit Rodeo durch. Die bedeutenden **North American Indian Days** werden in der zweiten Juliwoche in der **Blackfeet Indian Reservation** in Browning, Montana, veranstaltet.

Der Phantasie sind bei Halloween
keine Grenzen gesetzt

Farbenfrohes Neujahrsfest in der Chinatown von Seattle, Washington

Januar
National Western Stock Show and Rodeo in Denver
Auf der größten Viehschau Amerikas gibt es zwei Wochen lang Viehaktionen, Musikfestivals, Ausstellungen, eine Parade durch Downtown Denver sowie zahlreiche Rodeos.
Mitte Januar

Februar
Newport Seafood & Wine Festival
Am letzten Februarwochenende steigt das kulinarische Fest an Oregons Pazifikküste, mit Weinen aus Oregon, Washington und Kalifornien sowie regionalen Fischspezialitäten.

März
St. Patrick's Day in Butte
Größtes Fest in Montana. Vier Tage um den 17. März, dem traditionellen Feiertag der irischen Einwanderer in den USA, beleben Paraden, Konzerte und diverse andere Veranstaltungen die Stadt.

St. Patrick's Day Parade in Denver
Die spektakuläre Parade ist eine der größten in den USA.
Um den 17. März

April/Mai
Apple Blossom Festival
Das Apfelblütenfestival in Wenatchee, Washington, lockt zahlreiche Besucher in das bedeutendste amerikanische Apfelanbaugebiet. Rund um das Festival ein buntes Treiben mit Kunstgewerbeausstellungen, Paraden, Musikshows etc.
Letztes April- bis erstes Maiwochenende

Juni
National Old-Time Fiddlers Contest
Eine Woche lang beherrschen in Weiser, Idaho, gefiedelte Weisen die Atmosphäre. Zu diesem Musikfest geben sich hier die besten traditionellen Country-Fiddler aus ganz Amerika ein Stelldichein. Neben den Wettbewerben gibt es auch informelle Jam-Sessions.
Dritte Juniwoche

Juli
World Championship Timber Carnival
In Albany, Oregon, treffen sich die Holzfäller des Nordwestens. Disziplinen wie Baumklettern, Wettsägen und das Balancieren auf Baumstämmen im Wasser stehen auf dem Programm.
Anfang Juli

Days of '47 Parade in Salt Lake City
Einer der ältesten und größten Umzüge der USA und Höhepunkt der sich über den ganzen Juli erstreckenden Festivitäten der Days of '47. Um 9 Uhr beginnt die Parade mit prächtigen Kapellen, Menschen in zeitgenössischen Kostümen, Pionie-

ren hoch zu Roß, Autokorsos, tanzenden Clowns u. a. zu Ehren der ersten Siedler und der Stadtgründung am 24. Juli 1847.

Juli/August
Montana State Fair in Great Falls
Mit Rodeos, Pferderennen, Viehausstellungen, Verkaufsständen, Barbecues und allerhand Entertainment zieht die Landwirtschaftsausstellung Besucher aller Altersgruppen an. Letzter Samstag im Juli bis erster Samstag im August

September
Steamboat Vintage Auto Race and Concourse d' Elegance
Der Wintersportort Steamboat Springs in Colorado zeigt sich von seiner motorsportlichen Seite. Auf den Straßen der Stadt messen sich Rennwagen in einer 3 km langen Strecke.

Pendleton Round-Up
Das viertägige, bedeutendste Rodeo Oregons besitzt einen ähnlich herausragenden Stellenwert wie die Cheyenne Frontier Days. Von Mittwoch bis Samstag geht es rund in der Stadt, ein riesiges Spektakel mit Rodeo und Indian Pow Wow.
Zweite Septemberwoche

Oktober
Oysterfest – West Coast Oyster Shucking Championships
Shelton am südlichen Puget Sound im Bundesstaat Washington ist Austragungsort des Austernfestes. Wer dabeisein möchte, erlebt ein umfangreiches Seafood-Festival mit Wettkämpfen im Austernknacken, Weinproben der Washingtoner Winzer, Bootsausstellungen und vielem mehr.
Erstes Oktoberwochenende

DER BESONDERE TIP

Cheyenne Frontier Days Rodeo Einst ein Sport für Cowboys, hat es sich inzwischen zu einem ganzjährigen Veranstaltungszirkus entwickelt. In der letzten Juliwoche sprengt das bekannteste Rodeo in den Rocky Mountains, bei dem die weltbesten Cowboys um Preisgelder in Millionenhöhe reiten, zehn Tage lang den ansonsten gemächlichen Alltag der Hauptstadt Wyomings. Rodeos, Chuckwagon-Rennen (Chuckwagons sind Proviantwagen), Bullenreiten und ein umfangreiches Beiprogramm mit Paraden, Country-Music-Konzerten, Pancake-Frückstück, Indianertänzen etc. verwandeln Cheyenne in eine quirlige Stadt aus Goldgräbertagen. Hotels sind für diese Zeit lange im voraus ausgebucht. Programme mit allen Veranstaltungen sind erhältlich bei Cheyenne Frontier Days, P.O. Box 2477, Cheyenne, Wyoming 82003-2477 Tel. 800/227-6336 oder 307/778-7222, Fax 307/778-7229 ■ K 5

Klare Luft, wilde Flüsse und hohe Gipfel, mondäne Skiresorts, alte Goldgräberorte und verlassene Geisterstädte – die Rocky Mountains sind voller Überraschungen.

Colorado und die Rocky Mountains, eine Region mit hohen Viertausendern, wilden Flüssen und feinem Pulverschnee, werden meist in einem Atemzug genannt. In den Bergen entspringen der legendäre **Colorado River** und der reißende **Arkansas River**, die zu spritzig-abenteuerlichen Wildwasserfahrten einladen. Auf der höchsten asphaltierten Straße Nordamerikas gelangen Sie auf den Mount Evans, wo der Blick an klaren Tagen weit über die Gipfel der Rockies hinweg zum Rande der Prärien im Osten schweift. Hier sind die großen Städte, allen voran die mondäne Millionenmetropole **Denver**. In der zweitgrößten Stadt, **Colorado Springs**, begeistern im **Garden of the Gods** Felsformationen in ungewöhnlichen Farbtönen vor dem Hintergrund des mächtigen Pikes Peak. Städtchen aus der Zeit des Gold- und Silberrausches, wie **Black Hawk** und **Central City**, sind nach kurzen Jahren des Erfolgs und langen Jahrzehnten des Niedergangs nunmehr das Mekka der Glücksspieler geworden.

Colorados Kontraste: Malerische Idylle in den Rocky Mountains...

Denver

■ K 5

Denver ist die einzige Millionenmetropole im Umkreis von tausend Kilometern. Von hier lassen sich herrliche Fahrten in die nahen **Rocky Mountains** unternehmen. Das Panorama Denvers am Übergang der großen Ebenen zu den steilaufragenden Rocky Mountains ist beeindruckend: Das Häusermeer der Großstadt bildet einen brillanten Kontrast zu den aufgetürmten Berggipfeln im Westen.

Skyline vor Bergriesen

Der Großraum Denver ist das Wirtschafts- und Finanzzentrum der gesamten Rocky-Mountains-Region und der westlichen Prärien. Hier leben fast so viele Menschen wie in Idaho, Montana und Wyoming zusammen. Die auch durch den »Denver-Clan« bekannte Stadt kann sich mit Superlativen schmücken: Ihre Skyline weist die höchsten Gebäude weit und breit auf, und sie besitzt mit dem **Denver International Airport** den modernsten Flughafen Amerikas.

Auch in der Innenstadtsanierung ging Denver neue Wege. Als eine der ersten Städte in den USA erhielt die City eine lange Fußgängerzone, die **16th Street Mall**. Die Flaniermeile bringt mit Geschäften, Straßencafés und kostenlosem Pendelbus frischen Wind in das Geschäftsviertel.

Noch mehr Zuspruch erhält die fast ausgestorbene Innenstadt durch das nagelneue **Coors Field**, in dem Spiel für Spiel zigtausend Zuschauer ihren Baseballstars zujubeln und nach dem Schlußpfiff die Kneipen im historischen Bahnhofsviertel beleben.

...und das Häusermeer der Hauptstadt Denver

SEHENSWERTE ORTE UND AUSFLUGSZIELE

Hotels und andere Unterkünfte

Brown Palace Hotel
1892 erbautes historisches Hotel mit legendärem Ruf und eleganter Atrium-Lobby. In Gehweite zur Fußgängerzone.
321 17th St.
Tel. 303/297-3111, 800/321-2599, Fax 303/293-9204
232 Zimmer
Luxusklasse (AMEX, DC, EC, VISA)

Burnsley Hotel
Preisgünstiges Suiten-Hotel nur vier Blocks südlich des Capitols. Alle Zimmer mit Küche und abgetrenntem Schlafzimmer; kostenloses Parken, Frühstücksbuffet.
1000 Grant St.
Tel. 303/830-1000, 800/231-3915, Fax 303/830-7676
60 Zimmer
Obere Preisklasse (Amex, DC, EC, VISA)

Denver Central YMCA
Zentral gelegen in Downtown Denver. Hier übernachtet man preiswert. Fitneßraum und Swimmingpool.
25 East 16th Ave.
Tel. 303/861-8300
Fax 303/830-7391
191 Betten
Untere Preisklasse

Holiday Chalet
Vorzüglich restauriertes Hotel in einem markanten Sandsteingebäude. Im Stil der Jahrhundertwende eingerichtet.
Am Hwy 40, 2 km östlich von Downtown
1820 E. Colfax Ave.
Tel. 303/321-9975, 800/626-4497
Fax 303/377-6556
10 Zimmer
Mittlere Preisklasse (AMEX, DC, EC, VISA)

Oxford Hotel
1891 erbautes und ansehnlich restauriertes Traditionshaus mit viktorianisch eingerichteten Zimmern. Gegenüber der Union Station; erhebliche Preisnachlässe von Freitag bis Sonntag.
1600 17th St.
Tel. 303/628-5400, 800/228-5838, Fax 303/628-5413
81 Zimmer
Obere Preisklasse (AMEX, DC, EC, VISA)

Spaziergang

Downtown Denver läßt sich ideal zu Fuß erkunden. Am besten beginnen Sie Ihren Spaziergang am **State Capitol** und schlendern dann durch den Park zum **Civic Center**. Gegenüber lohnt eine Betrachtung der außergewöhnlichen Architektur des **Denver Art Museum**. Lernen Sie anschließend das Herzstück Denvers kennen, die 2 km lange **16th Street Mall**, die 1982 als richtungsweisendes Modell zur Sanierung einer bis dahin unattraktiven City entstand. Seitdem ist die Fußgängerzone während der täglichen Bürozeiten eine vielbesuchte Flaniermeile geworden. Bummeln Sie über die üppig bepflanzte und brunnenbestandene Allee, wo Straßenmusikanten spielen, Straßencafés zum Ausruhen einladen, Restaurants und Geschäfte zahlreiche Kunden anlocken. Unterwegs entdecken Sie bestimmt den markanten, 100 m hohen **D&F Tower**. Die kunstvolle Kopie des Campanile von Venedig war bei ihrer Fertigstellung 1910 mit 99 m das dritthöchste Gebäude der USA. Kostenlose Downtown-Shuttle-Busse pendeln tagsüber im Zwei-Minuten-Takt die Fußgängerzone entlang. Es gibt zahlreiche Haltestellen.

Sehenswertes

Adolph Coors Brewery in Golden
Hier können Sie an einer 30minüti-
gen Führung durch das drittgrößte
Brauhaus der Welt mit anschließen-
der kurzer Bierprobe teilnehmen.
13th St./Ford St.
Mo–Sa 10–16 Uhr
Eintritt frei

Elitch Gardens
Nagelneuer Vergnügungspark in
Downtown, gestaltet nach dem Vor-
bild des Kopenhagener Tivoli. Großzügige Gärten, Geschäfte, Eßstände
und Restaurants erstrecken sich
am Flußufer des South Platte River.
25 verschiedene Fahrten mit Achterbahnen oder ähnlich aufregenden
Gefährten sorgen für Nervenkitzel.
Rauchende Pistolenduelle, turbulen-
te Zirkusnummern, Konzerte und
ein Mini Brew Pub bieten Spaß und
Unterhaltung.
Abfahrt Speer Blvd. von I-25
Mitte Mai–Anfang Sept.
tgl. ab 10 Uhr
Eintritt 18,95 $

Lookout Mountain Park in Golden
Der legendäre Scout und Western-
schausteller **Buffalo Bill** liegt hier
auf dem Aussichtsberg oberhalb
Denvers begraben. Das kleine **Buffalo Bill Memorial Museum** zeigt
Erinnerungsstücke seiner glorreichen
Wild West Show, der selbst gekrönte Häupter beiwohnten, und aus
Buffalo Bills Zeit beim Pony Express.
  Auf dem Hwy 6 nach Golden,
an der Kreuzung mit der 19th Ave.,
geht es links über den kurvigen La-
riat Loop Trail zum Gipfel. Alternativ
führt die Rückfahrt nach Denver
südlich zur I-70, Auffahrt Nr. 256;
schöne Rundfahrt.
Mai–Okt. tgl. 9–17, sonst Di–Sa
9–16 Uhr
Eintritt 2$

Buffalo Bill wurde auf dem Lookout
Mountain ein Denkmal gesetzt

Red Rocks Park
Auf der Freilichtbühne von Denvers
großartigem natürlichen Amphi-
theater sind viele Musikgrößen auf-
getreten. 9000 Zuschauer fassen
die zwischen den mächtigen roten
Sandsteinfelsen eingerahmten
Tribünen.
Westl. von Denver, Zufahrt via I-470
auf Hwy 74
Park tgl. geöffnet
Eintritt frei (außerhalb von Veranstaltungen)

US Mint
Hier lagert der zweitgrößte Gold-
barren-Bestand Amerikas nach
dem in Fort Knox, Kentucky. Während der Führung durch die Anlage,
in der 20 Mio. Münzen pro Tag
geprägt werden, bekommen Sie
einige Goldbarren zu sehen.
320 W. Colfax Ave.
Mo–Fr 8–14.45 Uhr
Eintritt frei

Museen

Colorado History Museum

Mit der frühen Geschichte Colorados beschäftigt sich das exzellente Museum im Stadtzentrum. Fotos, detaillierte Dioramen und historische Objekte berichten vom Leben der Indianer und Cowboys, der ersten Siedler und der Minenarbeiter. Gelungene Ausstellungen vermitteln Wissenswertes zu Planwagen, Indianertänzen, Büffeljagden und über die Besiedlung des Westens.
Broadway/13th Ave.
Mo–Sa 10–16.30, So 12–16.30 Uhr
Eintritt 3 $

Denver Art Museum

In Downton, südlich des Civic Center, besticht das aus Glasbausteinen errichtete Kunstmuseum von Denver bereits durch seine eigenwillige Architektur. Drinnen lohnen die überragenden Sammlungen früh-indianischer Kunst und bemerkenswerte Ausstellungen zur Western Art einen Besuch.
Di–Sa 10–17, So 12–17 Uhr
Eintritt 3 $

Denver Museum of Natural History

In Denvers grüner Lunge, dem City Park, liegt das exzellente Naturgeschichtsmuseum. Sehen Sie sich

Denver

Legende:
- Spaziergang mit Laufrichtung
- Light Rail
- Fußgängerzone
- H Hotel
- Kirche
- B Busbahnhof
- Post
- i Information
- Denkmal
- Amtrak Bahnhof
- Sehenswürdigkeit, öffentl. Gebäude
- Grünfläche

500 m

insbesondere die urgeschichtlichen Ausstellungsstücke und Skelette an. Aufregende Naturfilme zeigt das IMAX-Kino auf einer Riesenleinwand. Vom City Park hat man einen schönen Blick auf das Panorama von Downtown Denver mit den Rockies im Hintergrund.
2001 Colorado Blvd.
Tgl. 9–17 Uhr
Eintritt 4,50 $

The Old Spaghetti Factory
Die »alte Spaghettifabrik« ist in einem restaurierten Straßenbahngebäude untergebracht. Die dazu passende Einrichtung und ein reichhaltiges Angebot an Pasta und Salaten geben dem populären Familienrestaurant den richtigen Pfiff.
1215 18th St.
Tel. 303/295-1864
Untere Preisklasse (EC, VISA)

Essen und Trinken

Buckhorn Exchange
Schon Theodore Roosevelt und Buffalo Bill aßen hier Büffelsteaks, Wildbret und andere Fleischspezialitäten von Denvers ältestem Restaurant (1893). An den Wänden hängen Jagdtrophäen und ausgestopfte Tiere. Tischreservierungen empfehlenswert!
1000 Osage St. (südwestlich der Innenstadt)
Tel. 303/534-9505
Tgl. Dinner, Mo–Fr auch Lunch
Obere Preisklasse (AMEX, DC, EC, VISA)

Einkaufen

Larimer Square und Larimer Street
Zum Shopping trifft man sich am Larimer Square im Victorian Block, einem restaurierten Viertel mit Gebäuden aus dem letzten Jahrhundert, und in der Larimer Street, einem der ältesten Straßenzüge Denvers. Restaurants und Geschäfte laden zum gemütlichen Essen und Stöbern ein. Zum Oktoberfest (an den letzten beiden September-wochenenden und dem ersten Oktoberwochenende) heißt Germany in Amerika seine Gäste mit Bier, Bratwurst und jeder Menge Trubel und Unterhaltung willkommen.

DER BESONDERE TIP

State Capitol Vom State Capitol mit der markanten vergoldeten Kuppel, die an die ersten Goldbergwerke in Colorado erinnern soll, hat man eine hervorragende Aussicht auf die Wolkenkratzer von Downtown und die Rocky Mountains im Westen. Zum Glück hat die Stadtverwaltung rechtzeitig bestimmt, daß kein höheres Gebäude die Sicht vom Regierungssitz aus verstellen darf. Auf der Brüstung der Aussichtsplattform lassen sich die Namen der Rocky-Mountains-Gipfel ablesen. Eine kleine Plakette an der 13. Stufe der Westtreppe des Capitol macht darauf aufmerksam, daß sie genau eine Meile (1600 Meter) über dem Meeresspiegel liegt.
Mo–Sa Führungen 9–15 Uhr, Eintritt frei

Mile High Flea Market

Colorados größter Flohmarkt kann mit 1000 prallgefüllten Ständen, Buden und Geschäften aufwarten. Neben dem üblichen Flohmarktangebot gibt es auch frisches Obst und Gemüse, diverse Fast-food-Stände, ein Bierzelt sowie einen kleinen Vergnügungspark und Ponyausritte für die Kinder.
Via I-76, Auffahrt auf 88th Ave., nordöstlich von Denver
Mi, Sa und So 7–17 Uhr
Eintritt 2 $

Tabor Center

Großes, glasumschlossenes Einkaufszentrum mit erfrischenden Wasserarkaden und erlesenen Restaurants an der 16th Street Mall. Ihren Einkaufsbummel können Sie in beiden Richtungen entlang der Fußgängerzone weiter fortsetzen.

Am Abend

Black Hawk/Central City

→ Routen und Touren, Rocky Mountains

Denver Colorado Rockies

Die Baseballsaison nimmt im Sommerhalbjahr ihren Lauf. Auf verschiedenenen Fernsehkanälen werden zeitgleich mehrere Spiele übertragen. Wenn Sie ein wenig mit den Spielregeln vertraut sind, sollten Sie jedoch versuchen, Karten für eines der Heimspiele der Denver Colorado Rockies im supermodernen Coors Field zu bekommen.

Larimer Square

Der Larimer Square ist nicht nur zum Einkaufen, sondern auch fürs Ausgehen eine beliebte Adresse. So gilt der Rockclub **Basin's Up** seit vielen Jahren als Institution in Denver. Gemütlich sitzen Sie in der **Champion Brewing Company,**

einer Brauerei, die sechs Sorten Bier anbietet und auch Lunch und Dinner serviert.

Wynkoop Brewing Company

Die Mini-Brauerei ist in einer alten Lagerhalle im historischen Lower Downtown District angesiedelt, einem Viertel aus der Zeit der Jahrhundertwende mit Kunstgalerien, verschiedenen Restaurants und Musikclubs. Abends strömen die Gäste herbei, um das selbstgebraute Bier zu probieren, preiswert zu essen und Live-Musik zu hören.
An der Union Station in Downtown
1634 18th St.
Tgl. ab Mittag

Service

Auskunft

Denver Metro
Convention & Visitors Bureau
225 W. Colfax Ave.
Denver, CO 80202
Tel. 303/892-1112, 800/265-6723,
Fax 303/892-1636

Auto

AAA-Automobilclub Colorado
4100 E. Arkansas Ave.
Tel. 303/753-8800, 800/283-5222

Taxi

Yellow Cab
Tel. 303/777-7777

Ausflugsziele

Boulder ■ I 5

In dem weltoffenen Studentenort mit Flair zeigt sich jeder aktiv und alternativ, natürlich mit sportlichem Mountainbike. Flanieren Sie durch die Fußgängerzone der **Pearl Street Mall**: Bis in die Nachtstunden hinein herrscht hier Trubel und Geschäftigkeit, verzücken Gaukler und Straßenmusiker ihre Zuschauer, verbreiten gemütliche Kneipen, Restaurants und Straßencafés mit vegetarischen Gerichten oder opulenten Menüs ein angenehmes Ambiente. Wandern und Klettern genießen in der jugendlichen Stadt große Popularität. Wenn Sie ab dem **Chautauqua Park**, kurz vor der Auffahrt zum **Flagstaff Mountain**, zu **Flatirons** spazieren, können Sie zuschauen, wie wagemutige Felskletterer die markanten glatten »Bügeleisenfelsen« bezwingen.

Essen und Trinken

Flagstaff House Restaurant
Exzellentes Restaurant mit ausgesuchten amerikanischen Spezialitäten und vorzüglichem Weinkeller. Vom Flagstaff Mountain genießen Sie ein prächtiges Panorama auf das knapp 500 m tiefer liegende Boulder. Die Fahrt zum Aussichtspunkt lohnt sich auch ohne Restaurantbesuch.
Tgl. ab 18 Uhr
1138 Flagstaff Rd. (Zufahrt über Baseline Road an den Flatirons vorbei)
Tel. 303/442-4640
Luxusklasse (AMEX, DC, EC, VISA)

Einkaufsbummel im Zentrum von Denver

Mount Elbert ■ 16

→ Der Besondere Tip, S. 30

Rocky Mountain
National Park ■ 15

Das grandiose Naturschutzgebiet des Rocky Mountain National Park liegt eine Autostunde nordwestlich von Denver. Quer durch den Park zieht sich mit der 70 km langen, vollständig asphaltierten **Trail Ridge Road** eine der schönsten Hochgebirgsstraßen der Rocky Mountains. Ab dem Informationszentrum am US Hwy 36 westlich von **Estes Park** winden Sie sich allmählich hinauf bis über die Baumgrenze.

Der ausgezeichnete **Tundra Nature Trail**, der durch hochalpine Wiesen zu den Steintürmchen der Hoodos führt, lohnt einen kurzen Stopp. Am **High Point**, der Paßhöhe, atmen Sie klare, dünne Bergluft auf beachtlichen 3713 m Höhe ein. Ewiger Schnee macht sich hier dennoch rar, denn trotz der Höhenlage schmilzt die weiße Pracht im Sommer vollständig weg.

Ein wenig weiter informiert das **Alpine Visitor Center** über Geschichte und Ökologie des Parks. Vom Visitor Center wenden Sie sich nach Westen ins Tal des Colorado River. Ein kurzer Fußweg führt Sie in das Quellgebiet, durch das sich der legendäre Fluß noch unbekümmert hindurchschlängelt, bevor er in seinem weiteren Verlauf unzählige Male aufgestaut und ausgesaugt wird – die ersten beiden Male kurz hinter der Grenze des Nationalparks. Als Alternativzufahrt zum Alpine Visitor Center bietet sich die parallel verlaufende, 15 km lange **Old Fall River Road** an. Die schmale Schotterstraße, ihres Zeichens erste Route durch den Nationalpark, verläuft als Einbahnstraße in Ost-West-Richtung. Während die Trail Ridge Road zwischen Ende Mai und Mitte Oktober für den Verkehr freigegeben ist, können Sie die Old Fall River Road erst nach der Schneeschmelze, gewöhnlich ab Anfang Juli, befahren.

Ebenfalls lohnenswert ist eine Fahrt über die manchmal allerdings stark frequentierte Bear Lake Road zum **Bear Lake** und zum **Sprague Lake**. Beide Seen umrunden Sie auf kurzen Naturlehrpfaden zu Fuß. Ohnehin bietet das Hochtal zwischen Sprague Lake und Bear Lake die besten Wandermöglichkeiten und schöne Reitwege, am Sprague Lake finden Sie einen Reitstall.

Unterkunft

Im Rocky Mountain NP gibt es keine Hotels oder Motels. In **Estes Park** am Osteingang kann man jedoch unter Zimmern aller Preisklassen wählen.

H-Bar-G Ranch Hostelling International
Günstig gelegene Jugendherberge unweit des Rocky Mountain National Park, auf einer ehemaligen Dude Ranch auf 2500 m Höhe.
3500 H-Bar-G Rd.
Estes Park, CO 80517
Tel. 970/586-3688,
Fax 970/586-5004
100 Betten
Untere Preisklasse (EC, VISA)

Service

Rocky Mountain National Park
Estes Park, CO 80517
Tel. 970/586-2371
Eintritt 7-Tages-Paß pro PKW 5 $,
Golden-Eagle-Ganzjahrespaß für alle US-Nationalparks 25 $

Steamboat Springs ∎ 15

250 km nordwestlich von Denver, am Hwy 40, liegt Steamboat Springs. Der populäre Wintersportort bietet auch im Sommer ein großes Freizeitangebot mit Whitewater Rafting, Ballonfahrten, Reiten, Seilbahnfahrten auf dem Mount Werner und Mountainbike-Trails.

Downtown in der **Romick Arena** können Sie Freitag- und Samstagabends zwischen Mitte Juni und Ende August ein vollständiges Rodeoprogramm miterleben (Eintritt 8 $).

Über 100 heiße Quellen gibt es in unmittelbarer Umgebung. Aalen Sie sich abends unter sternenklarem Himmel in den **Strawberry Park Natural Hot Springs** (früher weniger romantisch Devil's Cauldron, Teufelskessel, genannt), einem großen natürlichen Becken mit Sandboden, 12 km nördlich der Stadt (tgl. bis Mitternacht geöffnet, Eintritt 5 $).

Hotel

Harbour Hotel
Historisches Hotel mitten in Downtown.
703 Lincoln Ave. (US Hwy 40)
Tel. 970/879-1522, 800/334-1012
Fax 970/879-1737
60 Zimmer
Mittlere Preisklasse

Sehenswertes

Steamboat Springs Health and Recreation Hot Springs
Großes, bereits 1935 erbautes und grundlegend renoviertes Freizeitbad mit Wasserrutschen, großem Schwimmbad und heißen Mineralbädern.
Lincoln Ave. (US Hwy 40)
Tgl. 7–20 Uhr
Eintritt 6 $

Weitere Ziele

→ Routen und Touren, Rocky Mountains

53 Gipfel sind in den Rockies höher als 14 000 Fuß

Ausgedehnte Bergwälder im Norden und wüstenähnliche Hochebenen im Süden – die landschaftlichen Kontraste von Idaho könnten kaum größer sein.

Nur knapp hundert Kilometer trennen die dramatisch trostlos wirkenden Lavafelder der **Craters of the Moon** und das ausgezeichnete Wandereldorado der grünen **Sawtooth National Recration Area**. Idaho ist ein noch weitgehend unbekannter touristischer Edelstein im Nordwesten der USA, der überraschend viele unterschiedliche Facetten besitzt. Unter tiefblauem Himmel und bei Sommertemperaturen von über 30° C können Sie sich beim River Rafting auf dem **Snake River** herrlich erfri-schen und abends dann unter klarem Sternenhimmel beim Bad in den Thermalquellen entspannen.

Whitewater Rafting in Idaho ist ein unübertreffliches Abenteuer! Allen voran bürgt der berühmte **Salmon River** für einzigartige Unternehmungen durch eine unerschlossene Wald- und Bergwildnis. Wie so viele Gebiete des Nordwestens wurde auch diese Wildnis ab 1860 von Goldsuchern erkundet. Heute sind die ehemaligen Boomtowns aus Goldgräbertagen oftmals romantische Geisterstädte.

Nicht von dieser Welt: Craters of the Moon National Monument

Ausflugsziele

Boise ■ D 4

Boise ist mit 125 000 Einwohnern die einzige Großstadt in Idaho. Einen romantischen Sonnenuntergang mit hervorragendem Panorama über die ruhige, grüne Hauptstadt Idahos und ihre Umgebung haben Sie vom weithin sichtbaren **Table Rock** östlich der Stadt, die Zufahrt führt östlich von Downtown über die Table Rock Road. In der überschaubaren Innenstadt laden die **Eighth Street Marketplace**, mit restaurierten Lagerhallen aus dem letzten Jahrhundert, und der **Old Boise Historic District** zum Spazierengehen ein.

Kneipen und Restaurants verleihen der Innenstadt ein angenehmes Flair. Beliebte Treffunkte am Abend sind das **Table Rock Brewpub** (705 Fulton Rd./Capitol Blvd.) mit selbstgebrautem Bier und **The Piper Pub & Grill** (150 N. 8th St. Main St.) mit Terrasse im Freien.

Hotel

Best Western Airport Motor Inn
Zuverlässige Qualität und guter Service in Airportnähe.
2660 Airport Way
Tel. 208/384-5000,
Fax 208/384-5566
50 Zimmer
Mittlere Preisklasse (AMEX, DC, EC, VISA)

Sehenswertes

State Capitol
Im staatlichen Regierungssitz an der West State Street, zwischen 6th und 8th Street, wird seit 1920 über Idahos politisches und wirtschaftliches Geschick entschieden. Das mit der Energie natürlichen Thermalwassers beheizte Gebäude entspricht der für State Capitols üblichen Kuppelbauweise aus Sandstein und Marmor.
Mo–Fr 8–17 Uhr
Eintritt frei

Wild Waters Waterslide Theme Park
Boises großer, bunter Freizeitpark lockt mit Wasserrutschen, Swimmingpools, Volleyballplätzen und zahlreichen weiteren Freizeitaktivitäten.
1850 Century Way (Zufahrt via I-84, Ausfahrt 50, dann S. Cole Rd.)
Ende Mai–Anfang Sept.
tgl. 11–19 Uhr
Eintritt 12 $

Essen und Trinken

Onati – The Basque Restaurant
Das Tal des Snake River war seit jeher das Ziel baskischer Einwanderer. Das Onati präsentiert baskische und spanische Spezialitäten.
3544 Chinden Blvd. (Zufahrt über die I-84 und Ausfahrt 52, weiter auf der Orchard St. bis zum Hwy 20/26)
Tel. 208/343-6464
So geschl.
Mittlere Preisklasse (AMEX, EC, VISA)

Bruneau Dunes ■ E 4

Idahos beeindruckende Saharawüste am Snake River – bis zu 150 m ragen die Sanddünen auf, die damit zu den höchsten Nordamerikas zählen. Insbesondere die Morgen- oder Abendstunden eignen sich für dramatische Fotoaufnahmen vor dem Panorama des Bruneau Canyon. Unterhalb der Dünen befinden sich einige kleinere Seen.
Zufahrt via Ausfahrt 112 der I-84 in Richtung Hammett, dann Hwy 78 nach Westen

Craters of the Moon National Monument ■ F 4

Ein riesiges, karges Gelände, wo vor etwa 2000 Jahren die letzten vulkanischen Aktivitäten stattfanden. Zurück blieben Lavahöhlen und glattgerundete Aschekegel – ein landschaftlicher Höhepunkt Idahos. Die schroffen Lavafelder faszinieren durch ihren spröden, abweisenden Charakter und stellen einen markanten Kontrast zu den nahe gelegenen, grünen Sawtooth Mountains dar. Nehmen Sie sich Zeit für die 11 km lange Autotour durch den Park und einige kurze schöne Trails durch die Welt der Lava. Wandern Sie auf dem Lavakegel des **Inferno Cone** oder zum **Devils' Orchard** mit seinen vereinzelten Lavatürmen. Sie können auch in die Lavahöhlen steigen, nehmen Sie eine Taschenlampe mit, und spazieren Sie einige Meter unterhalb der Erdoberfläche entlang.
Eintritt 4 $ pro Wagen, Golden-Eagle-Ganzjahrespaß für alle US-Nationalparks 25 $

Hells Canyon ■ D 3

Zwischen Felswänden schlängelt sich der **Snake River** durch die tiefste Schlucht Nordamerikas. Aussichtpunkte am oberen Canyonrand erreichen Sie nur auf holprigen, kurvenreichen Schotterstraßen, die Sie bei Schlechtwetter am besten nicht befahren. Eine Zufahrt auf die Berghöhe beginnt in **Imnaha** auf der Oregon-Seite des Hells Canyon und endet nach mühsamen 40 km und zwei Stunden Fahrtzeit im **Hat-Point**-Aussichtspunkt mit Feuerwachtturm. Dagegen gibt es mit dem Auto eine hervorragende Zufahrt direkt in die Schlucht hinein:

Selbst ohne Bootstour sollten Sie den Abstecher von Süden über Oxbow Dam zum mitten im Hells Canyon gelegenen Hells Canyon Dam machen.
Unternehmen Sie eine Whitewater Rafting Tour auf dem Snake River – ruhige Flußpassagen wechseln mit Katarakten ab. Kosten Sie die Stromschnellen der **Wild Sheep Rapids** und **Granit Creek Rapids** aus. Stromaufwärts geht es zurück per Jet Boat. Die kombinierte Tagestour kostet 90 $ (Hells Canyon Adventures, Tel. 800/422-3568 oder 503/785-3352) und startet am **Hells Canyon Dam**.

TOP TEN 2

Idaho City ■ E 3

Einst war Idaho City, nordöstlich von Boise, mit rund 30 000 Einwohnern die größte Stadt des pazifischen Nordwestens. In den 60er Jahren des vorigen Jahrhunderts wurden zwischen Idaho City, Placerville und Centerville mit riesigen Maschinen große Goldvorkommen aus dem Boden gewühlt und ausgewaschen, die Spuren sind heute noch erkennbar. Das restaurierte Idaho City, in dem gegenwärtig noch einige hundert Bewohner leben, vermittelt einen guten Eindruck vom Leben in einer Goldrauschstadt.

Payette River ■ D 3/E 3

Als exzellenter Whitewater-Rafting-Fluß erweist sich der Payette River mit seinen verschiedenen Seitenarmen. Der reizvolle Nebenfluß des Snake River offeriert mehrere interessante Kurztrips. Mit der **Cascade Raft Company** (Tel. 800/292-RAFT oder 208/462-3292) können Sie Halbtagestrips auf dem unteren **South Fork Payette** (35 $) oder dem zahmeren **Main Payette** unternehmen, wo auch Badepausen ein-

Sand, soweit das Auge reicht: die teils 150 m hohen Bruneau Dunes

gelegt werden (30 $). Beim Tagesausflug durch den **South Fork Payette Canyon** (80 $) trägt die Besatzung das Boot gemeinsam um einen 12 m hohen Wasserfall. Ausgangspunkt für Trips auf dem Payette ist das ca. 60 km nördlich von Boise am Hwy 55 gelegene Banks.

Salmon River ■ D 2/E 3

Die großartigsten Whitewater-Reviere Idahos sind der Salmon River und seine Nebenarme. Die absolute Krönung ist der **Middle Fork of the Salmon**, der 155 km lang durch unerschlossene Regionen mit so schaurig-schönen Namen wie die **Frank Church River of No Return Wilderness Area** führt und auf dem keine Motorboote fahren dürfen. Mit sinkendem Wasserspiegel ab Mitte Juli beginnen die Rafting Trips in einsamer Wildnis. Für einen 6-Tage-Ausflug mit fünf romantischen Übernachtungen im Hinterland müssen Sie rund 1100 $ veranschlagen. Zum Kennenlernen eignet sich auf dem **Main Salmon** östlich von **Stanley** eine 19 km lange Schlauchbootfahrt von Sunbeam bis Torrey's (70 $ einschließlich Lunch). Infos vermittelt die **Triangle C Ranch** unter Tel. 208/774-2266 oder 800/303-6258, Fax 208/774-2266.

Auf dem Salmon River werden aber noch viele weitere Touren veranstaltet. Ab Riggins/Lucile am Hwy 95 östlich des Hells Canyon beginnen 65 km lange Whitewater Trips auf dem **Lower Main Salmon** durch die wildromantische Lower Salmon Gorge bis hin zur Einmündung in den Snake River. Ab **Riggins** sind auch Tagesausflüge (70 $) möglich (**Northwest Voyageurs**, Tel. 208/628-3022 oder 800/727-9977).

Sawtooth National Recreation Area ■ E 3

Der Highway 75 zwischen Ketchum und Stanley, der durch die **Sawtooth National Recreation Area** führt, ist ein weiterer landschaftlicher Höhepunkt. Die Paßstraße durch die Sawtooth Range erreicht am **Galena Summit** eine Höhe von 2652 m. **Ketchum/Sun Valley** am Ausgangspunkt der Straße ist ein exzellentes Skigebiet, aber auch als Sommerferienort mit allen Freizeitangeboten ungemein populär. Reitställe, Eislaufbahnen, Golf- und Tennisplätze fehlen nicht, auch zum Angeln finden Sie genügend Seen und Flüsse. In Ketchum verbrachte Ernest Hemingway seine letzten Lebensjahre, begraben ist er auf dem Ketchum Cemetery.

Wenn Sie dem **Visitors Center der Recreation Area**, 12 km nördlich von Ketchum, einen Besuch abstatten, können Sie sich über Wanderrouten und die zahlreichen heißen Quellen der Gegend informieren. Im Norden der Recreation Area liegt ein weiteres Informationszentrum. Hierfür zweigen Sie 10 km südlich von Stanley zum **Redfish Lake** ab, wo Sie ein schöner Badestrand, Wanderwege und eine Lodge erwarten. Das kleine **Stanley** mit dem Touch eines Westerndorfs ist ganz auf Outdoor-Tourismus eingestellt, es eignet sich gut als Ausgangspunkt zum Whitewater Rafting auf dem Salmon River oder zum Besuch der Guest Ranches in der Umgebung.

Kurz hinter den Sunbeam Hot Springs zweigt vom asphaltierten Hwy 75 in Sunbeam eine 60 km lange, stellenweise mäßig instandgehaltene Schotterstraße (Custor Motorway) ab, die durch Idahos Berge und vorbei an zahlreichen historischen Stätten nach Challis führt. Unterwegs treffen Sie auf die Geisterstädte **Bonanza** (wo leider nicht mehr sehr viel steht) und **Custer**, letzteres ein relativ guterhaltenes Relikt des Goldrausches im vorigen Jahrhundert. Das alte Schulgebäude beherbergt heute ein Museum, lohnend sind auch der Old Empire Saloon und der alte Yankee Fork Gold Dredge-Goldbagger.

Unterkünfte

Idaho Rocky Mountain Ranch
Auf dem Gelände der aus den 30er Jahren stammenden Ranch laden natürlich heiße Quellen (**hot springs**) zum Baden nach vollbrachtem Tagwerk ein. Ausflüge in die Sawtooth Mountains verlangen geradezu nach vorzüglichen Dinners, wie sie hier serviert werden.
15 km südl. von Stanley am Hwy 75
Tel. 208/774-3544
21 Zimmer
Obere Preisklasse

Redfish Lake Lodge
Rustikal übernachtet man direkt am Redfish Lake. Mit Reitstall, Kanu- und Ruderbootverleih.
12 km südlich von Stanley
Tel. 208/774-3536
36 Zimmer
Mittlere Preisklasse (EC, VISA)

Essen und Trinken

Pioneer Saloon
Im Stil der alten Pioniere offeriert man im Hemingway-Ort Ketchum Steaks und Seafood-Gerichte.
N. Main St.
Tel. 208/726-3139
Mittlere Preisklasse (AMEX, EC, VISA)

Am Abend

Casanova's Jack's Rod and Gun Club
Berühmt für seinen legendären »Stanley Romp«. Wenn die Fiddler aufspielen, stampft das Publikum mit.
Stanley
Mo–So 12–2 Uhr, Fr–Sa mit Live-Musik

DER BESONDERE TIP

Lava **Hot Springs bei Idaho Falls** An rauhen Lavagesteinsklippen liegen vier heiße Pools, mit Temperaturen von über 40 °C. Zwei Becken sind Whirlpools. Besonders schön ist es, wenn Sie abends im Wasser liegend die Sterne beobachten können. Darüber hinaus gibt es zwei große 50-Meter-Schwimmbecken, eines davon mit Sprungbrettern. Von dem Hauptresort durch den Park mit Picknickplätzen getrennt, finden Sie im Portneuf River ebenfalls Gelegenheit zum Schwimmen. Via I-15, Abfahrt 47, dann 18 km östlich auf US Hwy 30; Heißwasserpools Mai–Sept. tgl. 8–23, sonst 9–22 Uhr; Schwimmbecken Ende Mai–Anfang Sept.; Kombinationsticket für beide 7 $, Mineralbad 4 $ ■ F 4

In dem Rocky-Mountains-Staat liegen zwischen Yellowstone und Glacier National Park unendliche Wälder, lange Bergketten und historische Goldgräbersiedlungen.

Montana – ein Staat, größer als Deutschland, der sich von Westen nach Osten weit über 1000 Kilometer, von Norden nach Süden knapp 640 Kilometer weit ausdehnt. Die schönste Region Montanas ist der gebirgige Westen. Die ursprünglichen Landschaften der **Rocky Mountains** mit glasklaren Gewässern, tiefen Wäldern und historischen Minenstädten sind das angemessene Gefilde für die Quellflüsse des mächtigen **Missouri River**. Allerdings trifft der auf die bergige Topographie verweisende Name Montana nur für die Westhälfte des Bundesstaates zu, der Osten Montanas erstreckt sich bereits in die endlosen Weiten der **Great Plains** (Großen Ebenen).

Möglichkeiten zur sportlichen Betätigung in freier Natur gibt es in Montana mehr als genug. Im **Glacier National Park** läßt es sich herrlich wandern, und wen die Füße nicht mehr tragen, der besteigt ein Schlauchboot zum Whitewater Rafting auf dem schäumenden **Flathead River**. Auch lohnt der Besuch einer Geisterstadt wie **Virginia City**, wo man sich im Goldschürfen üben kann. Montana ist außerdem ideal für einen geruhsamen Ranchurlaub, bei dem die Gäste reiten, bei der Rancharbeit helfen und das Lagerfeuer anzünden.

St. Mary Falls im Glacier National Park

Ausflugsziele

Bannack State Park   ■ F 3

1862 stießen die ersten Goldschürfer in Bannack auf beträchtliche Vorkommen des wertvollen Edelmetalls. Das innerhalb kürzester Zeit aus dem Boden gestampfte, quirlige Städtchen im Westen Montanas war bereits zwei Jahre später die erste Hauptstadt des Montana Territory. Doch kurz war der Ruhm, nach der Ausbeutung der Lagerstätten verschwanden die Goldgräber genauso schnell, wie sie gekommen waren. Eine kleine Geisterstadt wartet heute auf Ihren Besuch – mit einer Handvoll original erhaltener Häuser, einem Hotel, dem Gefängnis und dem Galgen.
Zufahrt via I-15, bei Dillon auf Hwy 278, dann 35 km nach Westen
Mai–Sept. 8–21 Uhr
Eintritt pro Wagen 3 $

Browning   ■ F 1

Browning ist die Hauptstadt der **Blackfeet Indian Reservation**, des zahlenmäßig größten Indianerstammes in Montana mit 14 000 Mitgliedern. Kultureller Höhepunkt der Stammesveranstaltungen sind die **North American Indian Days** in der zweiten Juliwoche, eines der größten Indianerfestivals in den USA.

Museum

Museum of the Plains Indian
Das Indianermuseum an der Kreuzung US Hwy 2/US Hwy 89 westlich der Stadt präsentiert moderne und historische Kunstwerke und Gebrauchsgegenstände der Blackfeet, dazu eine Ausstellung zur Geschichte der Prärieindianer.

Juni–Sept. tgl. 9–17, sonst Mo–Fr 10–16.30 Uhr
Eintritt frei

Butte   ■ F 2

Während der glorreichen Epoche des amerikanischen Kupferbergbaus lebten 70 000 Bewohner in der Stadt auf dem »reichsten Hügel der Welt«. Doch währte der Glanz der Jahrhundertwende nicht ewig, bis 1983 gab eine Mine nach der anderen ihren Betrieb auf, Buttes Einwohnerzahl halbierte sich. Im **Historic District** im Nordwesten der Stadt künden zahlreiche fotogene Fördertürme als schweigende Relikte von der Größe längst vergangener Jahre. Heute ist Butte wichtigster Verkehrsknotenpunkt Montanas und für Touristen ein idealer Zwischenstopp.

Hotel

Fairmont Hot Springs
Das familienfreundliche Hotel mit zwei großen Swimmingpools, zwei unterschiedlich heißen Mineralbecken und einer großen Wasserrutsche offeriert seinen Gästen ein gutes Preis-Leistungs-Verhältnis. Ausritte sind möglich. Die Badeanlagen stehen auch hotelfremden Gästen zur Verfügung. Insbesondere morgens haben Sie die Becken ganz für sich allein.
1500 Fairmont Rd. (40 km westlich von Butte, Anfahrt via Ausfahrt 211 der I-90, dann 12 km)
Tel. 406/797-3241, 800/332-3272 (in Montana), 800/443-2381, Fax 406/797-3337
153 Zimmer
Mittlere Preisklasse (AMEX, DC, EC, VISA)

Ein Erlebnis sind die North American Indian Days im Juli

Sehenswertes

Berkeley Pit
Werfen Sie auf jeden Fall einen Blick in die beeindruckende Berkeley Pit nördlich von Butte. Das zum Teil mit Grundwasser gefüllte, kolossale Loch war früher eine der größten Tagebauminen, in der riesige Maschinen und Trucks bis zur Schließung 1983 die kaum noch ergiebige Kupfererde gefördert haben. Visitors Center im Sommer tgl. 8–20 Uhr, Aussichtsplattform März–Nov. tgl. durchgehend geöffnet
Eintritt frei

Museum

World Museum of Mining
Veranschlagen Sie 1,5 Stunden für einen Rundgang durch das abwechslungsreiche Gelände einer ehemaligen Kupfermine von 1899. Eine umfangreiche Sammlung von Ausstellungsstücken illustriert Minentechniken und das Leben der Minenarbeiter in Butte und Umgebung.
W. Park St.
Mitte Juni–Anfang Sept.
tgl. 9–21 Uhr; April–Mitte Juni und Sept.–Mitte Nov. Di–So 10–17 Uhr
Eintritt frei

Essen und Trinken

Red Rooster Supper Club
Ein Traditionslokal in Butte, das seit über 60 Jahren seinen Gästen Delikates und Deftiges in stets gleichbleibender Qualität serviert. Spezialität sind Steaks.
3636 Harrison Ave. (südl. der Ausfahrt 127 von I-15)
Tel. 406/494-4974
Mittlere Preisklasse (AMEX, EC, VISA)

Einkaufen
Im historischen Uptown-District von Butte finden Sie eine Reihe netter kleiner Geschäfte, wie die **Dumas Red Light Antique Mall** (45 E. Mercury) in einem ehemaligen Bordell.

Glacier National Park ■ E 1/F 1
→ Routen und Touren, S. 110

Helena ■ F 2
Seit nunmehr 1864 ist das hübsche Helena Hauptstadt von Montana. Statten Sie in der überschaubaren Innenstadt der neugotischen **Cathedral of St. Helena**, die der Wiener Votivkirche nachempfunden wurde, und dem **State Capitol** einen Besuch ab. Im Inneren des pompösen Regierungsgebäudes mit der markanten Kuppel befindet sich unter historischen Statuen ein riesiges Gemälde von C. M. Russel.

Reeder's Alley (100 S. Park Ave.) wurde Ende des letzten Jahrhunderts als Quartier für Minenarbeiter und Maultiertreiber erbaut. Der ansehnlich restaurierte Straßenzug im Westteil der Stadt präsentiert sich heute mit netten Geschäften und Restaurants.

Marysville ■ F 2
40 km nordwestlich von Helena liegt die kleine Geisterstadt (Ausfahrt 200 von I-15, dann auf Hwy 279) mit authentischen Blockhäusern aus den letzten Jahrzehnten des 19. Jh., als der Ort eine bedeutende Goldschürferstadt war. Im rustikalen Marysville House Restaurant (Di–Sa; keine Kreditkarten, Mittlere Preisklasse) kann man gut essen.

SEHENSWERTE ORTE UND AUSFLUGSZIELE

Unterkunft

The Sanders – Helena's B & B
Helenas Version der Frühstückpension erweist sich als wunderbares Bed & Breakfast in einem im Stil der Jahrhundertwende eingerichteten Herrenhaus von 1875. In der Innenstadt gelegen.
328 N. Ewing St.
Tel. 406/442-3309,
Fax 406/443-2361
7 Zimmer
Mittlere Preisklasse (EC, VISA)

Sehenswertes

Frontiertown
Am US Hwy 12, 25 km westlich von Helena, liegt auf der Kammhöhe des MacDonald Pass Frontiertown eine kleine rekonstruierte Westernstadt inklusive Museum und Hochzeitskapelle. Vom **MacDonald Pass** breitet sich das prächtige Panorama der weiten Landschaft Montanas vor Ihnen aus.
Ostern–Anfang Okt. tgl. 10–22 Uhr
Eintritt frei

The Gates of the Mountains Recreation Area

Den landschaftlichen Höhepunkt der Region finden Sie 35 km nördlich von Helena (Abfahrt 209 der I-15). Fotogen zwängt sich hier der **Missouri River** zwischen 400 m hohen Kalksteinwänden der **Big Belt Mountains** hindurch. Zwischen Juni und September werden täglich mehrere Bootstouren einschließlich Picknickpause am Flußufer veranstaltet (Fahrpreis 7,50 $).

Essen und Trinken

Stonehouse Restaurant
Das wirklich nett gelegene Restaurant in der historischen Reeder's Alley präsentiert sich hübsch eingerichtet mit Minengerätschaften des letzten Jahrhunderts. Gute Steaks und delikate Meeresfrüchte!
120 Reeder's Alley
Tel. 406/449-2552
Tgl. außer So Lunch und Dinner
Mittlere Preisklasse (AMEX, DC, EC, VISA)

DER BESONDERE TIP

Charles M. Russell Museum in Great Falls Eines der besten Museen über Western-Kunst. Rund 1000 Exponate, realistische, teils heroische Gemälde und Skulpturen des bekanntesten Westernkünstlers Charles Marion Russell (1865–1926) haben hier eine Heimat gefunden. Zum Museumskomplex zählen auch Wohnhaus und Atelier des Künstlers. Sehr gut sortiert ist das dem Museum angeschlossene Geschäft mit Drucken von Russell, indianischen Töpfereien, handgearbeitetem Schmuck und anderen Geschenkideen.
400 13th St. N., Mai–Sept. Mo–Sa 9–18, So 13–17 Uhr, sonst Di–Sa 10–17, So 13–17 Uhr, Eintritt 4 $　　■ G 2

National Bison Range ■ E 2

Rund 500 Büffel leben hier jahraus, jahrein in einem riesigen Freigehege. Es handelt sich um eine der größten Bisonherden Nordamerikas. Die 30 km lange Rundfahrt auf holpriger Schotterstraße bringt Ihnen Büffel und Umgebung näher. Bleiben Sie zum Fotografieren stets in der sicheren Nähe des Autos, Bisons sind nicht ungefährlich.

In Moiese ca. 60 km nördlich von Missoula, abseits des Hwy 212
Tgl. Sonnenaufgang bis Dämmerung
Eintritt 4 $ pro Auto

Virginia City/ Nevada City ■ F 3

Zwei malerisch restaurierte Goldgräberorte aus dem 19. Jh. Als 1863 Goldschürfer am Alder Creek Gold entdeckten, entstand dort in Windeseile eine florierende Stadt mit weit über 10 000 Einwohnern. Bereits zwei Jahre später erhielt **Virginia City** von seiner Konkurrentin Bannack die exklusive Hauptstadtwürde übertragen. Aber das Schicksal war auch Virginia City nicht gnädig, elf Jahre später fand sich die **boomtown** als Geisterstadt wieder, der Regierungssitz wechselte nach Helena.

Zahlreiche Gebäude aus vergangener Zeit sind mit Mühe und Sorgfalt restauriert worden. Schlendern Sie die Main Street von Virginia City entlang, in den kleinen Geschäften finden Sie originelle Fundstücke aus der Goldgräberära. Wenn Ihnen diese nicht reichen, versuchen Sie sich selber im Goldschürfen, eine Goldmine steht mit dem notwendigen Gerät für Touristen bereit.

TOPTEN 5

Reich wird man nicht beim Goldwaschen in Nevada City

Nehmen Sie sich auch Zeit für das benachbarte kleinere **Nevada City,** und statten Sie dem reizenden, sehenswert restaurierten Nevada City Museum einen Besuch ab (Ende Mai–Mitte Sept. tgl. 10–19 Uhr).

Unterkunft

Nevada City Hotel & Cabins
→ Der Besondere Tip, S.15

Am Abend

H.S. Gilbert Brewery
»The Brewery Follies« sorgen flott und fröhlich für abendliche Unterhaltung. Lohnendes Varieté im Stil der Jahrhundertwende.
Ecke Hamilton/Cover St.
Tel. 800/648-7588 (Reservierung)
Mitte Juni–Mitte Sept. Mo, Sa 18 und 21, Mi–Fr, So 20.30 Uhr
Eintritt 8 $

Oregon bietet Kontraste: eine unübertroffene Küstenstraße am traumhaften Pazifikstrand und ausgedörrte Prärien im menschenleeren Hinterland.

Malerische felsen- und buchtenreiche Küstenstriche mit kleinen Fischerorten und populären Touristenstädtchen wechseln ab mit interessanten Dünenlandschaften. Den phantastischen Küstenhighway teilen Sie sich mit Besuchern aus aller Welt, die wilden Strände meist nur mit den Seevögeln. In Oregon sind die Strände allerdings weniger zum Baden als zum ausgedehnten Strandwandern geeignet. Ein kühler Meeresstrom läßt die Wassertemperaturen kaum auf 16 °C steigen.

Der Küstenstreifen zählt zu den wohl regenreichsten Gebieten der USA. Für den Waldbestand – der größte Nordamerikas – ist der viele Regen jedoch nur förderlich. Gefahr für den Wald droht allerdings von der Holzindustrie.

Schneebedeckte Bergwelt

Schneebedeckte Vulkane ragen aus den Bergen der **Cascade Range** – im Winter ein beliebtes Skigebiet – empor. Ihre temperamentvollen Ausbrüche haben die Landschaft geformt. Der tiefblaue **Crater Lake National Park** ist ein Höhepunkt dieser großartigen Bergkette ebenso wie der

grandios geformte **Mount Hood**. Der höchste Gipfel Oregons, umgeben von tiefen Wäldern und kristallklaren Seen, ist von überall her gut zu sehen. Er ist der mächtige Hausberg von **Portland**, der am mächtigen **Columbia River** über 100 Kilometer landeinwärts gelegenen, einzigen Metropole Oregons.

Von Flüssen und Wüsten

Wildwasserflüsse durchziehen einsame Bergregionen und haben wie der **Snake River** im **Hells Canyon** an der Grenze zu Idaho tiefe Schluchten in das Land gefressen. Schließen Sie sich einer Schlauchbootfahrt auf dem schäumenden **Rogue River** an, der durch urspüngliche Wälder fließt und schließlich in den Pazifik mündet.

Fast wasserlos ist dagegen das zentrale und östliche Oregon. Es ist ein Wüstenhochland mit weiten, duftenden Salbei-Ebenen und trockenheißem Klima. Hier finden Sie erstarrte Lavaflüsse, steile vulkanische Aschekegel und unterirdische Lavahöhlen, ein beeindruckendes Ödland, das der Highway 97 auf seiner Route parallel zu den Cascade Mountains durchquert.

Zwischen Himmel und Meer: Heceta Head Lighthouse bei Florence

Portland

■ B 2

Das Panorama vom Washington Park ist unvergleichlich: Im Vordergrund blühende Rosengärten, im Tal die Skyline von Portland, in weiter Ferne die schneebedeckte Kuppe des **Mount Hood**. Die größte und eine der schönsten Städte Oregons zählt knapp eine halbe Million Einwohner. Die Metropole reizt vor allem durch ihre einzigartige Lage – in nur einer Stunde erreichen Sie das Sommerskigebiet des **Mount Hood**, in knapp eineinhalb Stunden Entfernung können Sie entweder am Pazifikstrand entlangspazieren oder aber in den Kraterschlund des **Mount St. Helens** schauen.

Rosen und Springbrunnen

Um ins Grüne zu gelangen, brauchen Sie nicht weit zu fahren, Portland besitzt eine Reihe herrlicher Parks. Schon unmittelbar westlich von Downtown geht es steil in die Berge, bereits 300 Meter oberhalb der Stadt bietet der **Council Crest Park** eine prächtige Aussicht auf den Mount St. Helens. Die eindeutig attraktivste »grüne Lunge« ist der großzügige **Washington Park** mit dem Juwel des Rose Garden. Das Stadtbild schmücken zahlreiche Springbrunnen, die nicht nur zum Ansehen, sondern Kinder auch zum Planschen einladen. Begeben Sie sich auf eine Innenstadterkundung, zu Fuß oder mit öffentlichen Verkehrsmitteln, die Sie innerhalb Downtowns kostenlos befördern. Oder entspannen Sie in den Restaurants und Cafés neben der Riverplate Marina am **Willamette River**.

Das Convention Center von Portland bei Nacht

Hotels und andere Unterkünfte

The Benson

Das 1913 erbaute Nobelhotel bezaubert durch historisches Ambiente.
309 S.W. Broadway
Tel. 503/228-2000, 800/426-0670
Fax 503/226-4603
289 Zimmer
Luxusklasse (AMEX, DC, EC, VISA)

Mallory Hotel

Recht preisgünstiges Hotel knapp westlich von Downtown.
729 S.W. 15th Ave.
Tel. 503/223-6311, 800/228-8657
Fax 503/221-1789
142 Zimmer
Mittlere Preisklasse (AMEX, DC, EC, VISA)

The Mark Spencer Hotel
Preisgünstiges Hotel mit Küche in jedem Zimmer.
409 S.W. 11th Ave.
Tel. 503/224-3293, 800/548-3934
Fax 503/223-7848
101 Zimmer
Mittlere Preisklasse (AMEX, EC, VISA)

Portland Hostelling International
Gemütliche Jugendherberge östlich der City.
3031 S.E. Hawthorne Blvd.
Tel. 503/236-3380
47 Betten
Untere Preisklasse (EC, VISA)

Spaziergang

Ruhen Sie sich auf der begrünten Dachterrasse des **Yamhill Marketplace** (1st Ave. und Yamhill St., am Wochenende geschlossen), einem Geschäftszentrum mit Atrium, vom Einkaufen aus, bevor Sie Ihren Spaziergang am städtischen **Visitors Center** beginnen. Entlang des besonders nach Süden belebten Uferparks am **Willamette River** gelangen Sie in den **Skidmore Old Town District** an der Burnside Bridge, ein rundum erneuertes Viertel mit schmucken schmiedeeisernen Fassaden, zahlreichen Geschäften, Galerien, Restaurants und Nightspots.

Etwas weiter nördlich, Ecke 4th Ave./Burnside St., stoßen Sie am **Chinatown Gate** auf das kleine Chinesenviertel. Folgen Sie dann der teils nur Bussen und Fußgängern vorbehaltenen **Fifth Avenue Transit Mall**. Vorbei am Pioneer Courthouse Square gelangen Sie zum Portland Building, über dessen Fronteingang die riesige Kupferskulptur der **Portlandia**, das Wahrzeichen der Stadt, thront. Von dort geht es zurück zum Visitors Center. Insgesamt ist die Wegstrecke 2,5 km lang.

Der Besondere Tip

Mount Hood Wahrzeichen von Portland, seines Zeichens mit 3426 Metern höchster und schönster Berg Oregons. Beste Fotopunkte sind entlang des Hwy 26 an der Südflanke mit Abstecher zum bildhübschen Timothy Lake. Wegen des aufregenden Panoramas lohnt sich auch eine Fahrt zur unmittelbar unterhalb des Mount Hood gelegenen Timberline Lodge, einem Prachtbau mit großzügiger Lobby. Bereits in den 30er Jahren wurde die vielleicht berühmteste Ski-Lodge der USA als Arbeitsbeschaffungsmaßnahme erbaut. Von dort gelangen Sie per Lift in die bis Anfang September als Skigebiet genutzten Schneefelder. Für das leibliche Wohl sorgt der Cascade Dining Room. Tel. 503/231-7979, 800/547-1406; Fax 503/272-3710; 70 Zimmer; Mittlere Preisklasse (AMEX, EC, VISA) ■ B 3

Sehenswertes

Washington Park

Suchen Sie in den vielseitigen, weitläufigen Washington Park als erstes die **International Rose Test Gardens** (durchgehend geöffnet, Eintritt frei) auf. Während der Rosenblüte entwickelt der Garten mit über 400 Rosenarten eine umwerfende Pracht, aber auch die brillante Fernsicht auf Downtown und Mount Hood lohnt den Besuch.

Ebenfalls im Washington Park liegt das **Hoyt Arboretum** (tgl. 6–22 Uhr, Eintritt frei), ein schöner Park mit zahlreichen Baumarten und Sträuchern. Das **World Forestry Center** zeigt Ausstellungen über Forstwirtschaft und wartet mit Wanderwegen durch ein naturbelassenes Waldareal mit uraltem Baumbestand auf (tgl. 10–17 Uhr, Eintritt 3 $). Besuchen Sie außerdem den großzügig gestalteten **Metro Washington Park Zoo**. Tgl. ab 9.30 Uhr, Eintritt 5,50 $

Museen

Oregon History Center

Auf fünf Etagen beschäftigen sich sehenswerte Ausstellungen mit der Geschichte Oregons und seiner Bewohner von den prähistorischen Zeiten bis zur Gegenwart.
1200 S.W. Park Ave.
Di–Sa 10–17, So 12–17 Uhr
Eintritt 4,50 $

Oregon Museum of Science and Industry (OMSI)

Das neue Wissenschaftsmuseum lockt mit Do-it-yourself-Experimenten und einem Omnimax-Kino. Im Planetarium entführen Sternenshows und Laser-Lichtpräsentationen die Besucher in andere Welten. Am Ufer des Willamette River ankert das zum Museum gehörige U-Boot »Blueback«.
1945 S. E. Water Ave.
Ende Mai–Anfang Sept. tgl. 9.30–19, sonst 9.30–17.30 Uhr
Eintritt 6,50 $, Omnimax, Planetarium und U-Boot extra

Alles eine Frage der Übung...

Essen und Trinken

Dan & Louis Oyster Bar

Muscheln, Krebse, Austern, Krabben, Fisch aller Arten – einfach, aber vorzüglich zubereitet. Das alteingesessene Restaurant mit seiner gelungenen Seemannsdekoration ist schon eine Institution in Portland. Versuchen Sie die köstlichen und dabei preiswerten Lunch-Specials oder den Teller voller Austern »zum Selberknacken«.
208 S.W. Ankeny St. (Downtown, nähe Burnside Bridge)
Tel. 503/227-5906
Tgl. Lunch und Dinner
Untere Preisklasse (AMEX, DC, EC, VISA)

Jake's Famous Crawfish Restaurant

Etabliertes Seafood-Restaurant mit dem Ambiente der Jahrhundertwende. Mit großer Menüauswahl, Flußkrebse und andere Fischgerichte sind stets zu empfehlen.
401 S.W. 12th Ave. (1 km westlich der Burnside Bridge)
Tel. 503/226-1419
Tgl. Dinner, Mo–Fr auch Lunch
Mittlere Preisklasse (AMEX, DC, EC, VISA)

The Ringside West

→ Der Besondere Tip, S. 19

Einkaufen

Portland Saturday Market

Der größte Markt unter freiem Himmel in Oregon besitzt ein besonderes Flair. Lokales Handwerk, Imbißstände, Live-Musik, Künstler und andere größere und kleinere Attraktionen bereichern die Atmosphäre des im übrigen sowohl samstags als auch sonntags geöffneten Marktes am Westende der Burnside Bridge.

Powell's City of Books

Knapp 1 Mio. Bücher stehen in den Regalen der »Bücherstadt«, darunter eine Riesenauswahl gebrauchter Bände. Zur Übersicht der größten Buchhandlung an der Westküste erhalten Sie am Eingang eine Orientierungskarte. Eine Caféteria eignet sich für Lesepausen.
1005 W. Burnside, Downtown
Mo–Sa 9–23, So bis 21 Uhr

Am Abend

Portland Brewing Brew House Restaurant

Seitdem Oregon 1985 kleinen Brauereien die Erlaubnis erteilt hat, ihr eigenes Bier auszuschenken, sind diese Microbreweries wie Pilze aus dem Boden geschossen. Kaum eine Stadt besitzt mehr davon als Portland. Sie können unter Dutzenden von Biersorten, deftigem Essen und Snacks wählen.
2730 N.E. 31st Ave.
Mo–Fr 11–12, Sa 12–1 Uhr

Service

Auskunft

Portland Oregon Visitors Association
26 S.W. Salmon St.
Portland, OR 97204
Tel. 503/222-2223, 800/962-3700,
Fax 503/275-9774

Auto

AAA-Automobilclub Oregon
600 S.W. Market St.
Tel. 503/222-6734, 800/452-1643

Bus

Tri-Met
Tel. 503/233-3511

Taxi

Broadway Cab
Tel. 503/227-1234

Ausflugsziele

Columbia River Gorge ■ B2

Unternehmen Sie eine Exkursion durch die enge Schlucht des Columbia River. Die Fahrtstrecke von Portland nach Hood River beträgt 100 km. Folgen Sie zunächst ab Troutdale (Abfahrt 17 der I-84) auf der Südseite des Columbia River dem **Columbia River Scenic Highway**. Hoch oberhalb des Flusses passiert die 1913 erbaute Straße sehenswerte Aussichtspunkte, wie das Vista House am **Crown Point**. In die Tiefe stürzen sich Wasserfälle, deren Kraft im Frühsommer am größten ist. Zu den beeindruckendsten, den knapp 200 m hohen **Multnomah Falls**, führt ein Trail. Einfacher erreichen Sie die Multnomah Falls von einem Parkplatz zwischen beiden Fahrtrichtungen des Hwy I-84, von wo eine kurze Unterführung direkt zum Fuß der Wasserfälle führt.

Direkt am Columbia River, an den **Cascade Locks**, startet der Schaufelraddampfer »Columbia Gorge« zu Flußfahrten (→ Mit Kindern unterwegs, S. 26).

Ab **Hood River** nehmen Sie für den Rückweg den Hwy 14 auf der Nordseite des Columbia River. Von hier können Sie die rasant umherflitzenden Windsurfer beobachten, für die die Columbia River Gorge ein Eldorado darstellt. Auch die mächtigen Kraftwerksanlagen des **Bonneville Dam**, der den Columbia River aufstaut, lohnen einen Besuch. Ein Informationszentrum erläutert den Kraftwerksbau, von Aussichtsplattformen lassen sich prächtige Lachse dabei beobachten, wie sie die eigens für sie eingerichteten Stufen im Wasserlauf überwinden. Ein wenig weiter flußabwärts treffen Sie auf den weithin sichtbaren **Bacon Rock**, eine 250 m hohe Vulkanspitze. Wanderwege führen zum Gipfel, Felskletterer folgen hier allerdings ihren eigenen Wegen an der vertikalen Wand entlang.

Die 200 m hohen Multnomah Falls – schwindelfrei sollte man schon sein

U tah: Das sind die Mormonenhauptstadt Salt Lake City, Naturparks mit großartigen Felsformationen, ausgedörrte Salzwüsten und verschneite Skigebiete.

Der Name des Staates geht auf die Ute-Indianer zurück, bekannt ist Utah aber eher als Mormonenstaat. Drei Viertel der Bevölkerung bekennt sich zur Kirche der Heiligen der Letzten Tage, die 1830 gegründet wurde und bis heute viele Wirtschaftsunternehmen führt. Nach Abschaffung der Polygamie wurde Utah 1896 als 45. Bundesstaat in die Union aufgenommen.

Land der Gegensätze

Im Nordwesten des Staates breitet sich die riesige Salzwüste der Great Salt Lake Desert aus. Im gleißenden Sonnenlicht sieht das Salz aus wie Schnee, und die endlos erscheinende Ebene reicht bis zum blauen Horizont. Nach einer Fahrt durch diese Hitze erfrischt ein Bad im Great Salt Lake, etwa im **Antelope Island State Park**.

Zerklüftete Berge und tiefe Täler

Gleich hinter Salt Lake City beginnt das völlig andere Gesicht des Mormonenstaates, die Berge, die westlichen Ausläufer der **Rocky Mountains** mit über 4000 Meter hohen Gipfeln und zerklüf-
teten Hochtälern. In dieser Bergwelt liegen phantastische Naturparks. Von der Panoramastraße nach **Harpers Corner** präsentiert das **Dinosaur National Monument** an der Staatengrenze zu Colorado eine außergewöhnlich schöne zerklüftete Wildwestlandschaft. Weit unten im Tal, auf dem **Green River**, haben Sie Gelegenheit zu abwechslungsreichen Schlauchboottrips durch tiefe Canyons, welche die trockenheißen Plateaus durchschneiden und die jahrmillionenalte Vergangenheit des Landes offenbaren. Mit Wyoming teilt sich Utah die faszinierende Region der **Flaming Gorge National Recreation Area**, aber im Mormonenstaat liegen die schönsten Aussichtspunkte auf den langgezogenen Stausee und die umgebende Berglandschaft.

Olympische Winterspiele im Jahre 2000

Utah blickt ins nächste Jahrtausend: Dann präsentiert Salt Lake City der Weltöffentlichkeit seine schneereichen Berge östlich der Staatshauptstadt, eine großartige Skiregion, die schon seit langem auf ein solch sportliches Großereignis gewartet hat.

Erst abends werden die Temperaturen in der großen Salzwüste erträglich

SEHENSWERTE ORTE UND AUSFLUGSZIELE

Die beiden Gesichter der Mormonenhauptstadt am Großen Salzsee sind grundverschieden: Im Westen liegt die karge, unzugängliche Salzwüste, und im Osten liegen die schneesicheren Winterskigebiete.

»This is the place!« Mit diesen Worten erkor Brigham Young, Kirchenfürst der Mormonen, 1847 eine völlig unbewohnte Stelle am Rand der Salzwüste zur neuen Hauptstadt der Religionsgemeinschaft. Rund 160 000 Einwohner leben im heutigen Salt Lake City, einer überschaubaren Stadt, die auch ohne auffallende Hochhäuser auskommt. Der Einzugsbereich Salt Lake Citys, der schmale Ballungsraum zwischen den **Wasatch Mountains** im Osten und dem **Great Salt Lake** im Westen, beherbergt mehr als

Salt Lake City
■ F 5

eine Million Einwohner, weit über die Hälfte der Bevölkerung Utahs.

Salt Lake City ist dank der zentralen Lage idealer Ausgangspunkt für Touren im Nordwesten. Doch bevor Sie losfahren, sollten Sie sich einmal im warmen Wasser des Großen Salzsees treiben lassen und die riesige Kupfermine besuchen, das »größte Baggerloch der Erde«.

Sie werden überrascht sein, tagsüber ist es in der Salzwüste zwar unangenehm heiß, die Abendtemperaturen hingegen sind erfreulich angenehm. Regen kennt die Stadt kaum, als Ausgleich fällt dafür in den nahen Bergen im Winter um so mehr Schnee. Die Region Salt Lake City besitzt exzellente Skigebiete und ist Ausrichter der Olympischen Winterspiele im Jahre 2002.

Der Tempel der Mormonenhauptstadt

Hotels und andere Unterkünfte

Brigham Street Inn

1898 erbautes Haus mit elegantem Äußeren. Einige der gemütlichen Zimmer besitzen einen Kamin. In Universitätsnähe.
1135 E. South Temple
Tel. 801/364-4461, Fax 801/521-3201
9 Zimmer
Mittlere Preisklasse (AMEX, DC, EC, VISA)

Little America Hotel & Towers

Komfortables Hotel mit großzügigen Außenanlagen; sechs Blocks vom Temple Square entfernt; Swimmingpools, Whirlpool, Sauna.

500 South Main St.
Tel. 801/363-6781, 800/453-9450
Fax 801/322-1610
850 Zimmer
Mittlere Preisklasse (AMEX, DC, EC, VISA)

Peery Hotel

Das 1910 erbaute Downtown-Hotel bezaubert mit dem Charme jener Zeit. Elegant und relativ preiswert.
110 West 300 South St.
Tel. 801/521-4300
Fax 801/575-5014
79 Zimmer
Mittlere Preisklasse (AMEX, DC, EC, VISA)

Spaziergang

Unbestrittenes Zentrum der Stadt ist der **Temple Square** mit dem 1892 vollendeten **Mormon Temple**, auf dessen höchster Spitze die goldene Statue des Engel Moroni thront. Nicht-Mormonen haben keinen Zutritt zum Tempel. Aber jugendliche, stets freundliche Mormonen versuchen, jeden Besucher zu einer geführten Rundtour zu bewegen. In unmittelbarer Nachbarschaft tritt der weltberühmte **Tabernacle Choir** zweimal wöchentlich im 6000 Personen fassenden **Tabernacle** auf. Gleich gegenüber liegt das **Church Office Building**, das Verwaltungsgebäude der Mormonenkirche: Fahren Sie im höchsten Gebäude Salt Lake Citys zum Aussichtsdeck im 26. Stockwerk, von wo aus man eine prächtige Aussicht auf die Stadt und das State Capitol hat.

Folgen Sie anschließend der North State Street ein wenig bergaufwärts zum ca. 1 km entfernten **State Capitol**. Auf dem mächtigen Gebäude (Besichtigung Mo–Fr 8–16.30 Uhr, Eintritt frei) mit der beeindruckenden Front aus 24 weißen korinthischen Säulen thront weithin sichtbar eine große Rundkuppel. Fast unmittelbar hinter dem State Capitol beginnen die kargen Berge, zur anderen Seite haben Sie einen schönen Blick auf Downtown.

Sehenswertes

Lagoon Amusement Park
Der größte Vergnügungspark der Region gibt sich im Stil einer Frontier-Siedlung des letzten Jahrhunderts. Es gibt Zug- und Planwagenfahrten, Achterbahnen, einen Wasserpark mit Swimmingpools und Wasserrutschen sowie eine Rodeoarena mit Wild West Shows.
25 km nördlich von Salt Lake City (Zufahrt via Ausfahrt 325 der I-15)
Ende Mai–Anfang Sept. Di–Do 11–23, Fr–Sa 11–24, So–Mo 11–22.30 Uhr
Eintritt Erwachsene 19,80 $, Kinder 15 $

Der Tabernacle-Chor von Salt Lake City genießt Weltruf

Pioneer Trail State Park

Pioniersiedlung **Old Desert** des 19. Jh. im Emigration Canyon. Zu sehen sind historische Gebäude von einfachsten Bretterbuden bis hin zu ansehnlichen Adobehäusern. Allein das Panorama vom »**This is the Place Monument**« lohnt den Abstecher in den Park. Ein Visitors Center berichtet über den langen Treck der Mormonen nach Salt Lake City im Jahre 1847. Um den ständigen Verfolgungen Andersgesinnter zu entgehen, hatten die Mormonen unter Brigham Young hier eine neue Heimat weitab jeglicher menschlicher Behausung gefunden.
Ende Mai–Anfang Sept. 8–20, sonst 8–17 Uhr
Eintritt frei; Old Desert 1,50 $

Raging Waters

Super-Wasserpark mit elf Pools, 1000 m an Wasserrutschen, einer verwegenen Wasserachterbahn und einem Wellenbad.
1200 W. 1700 South St.
Ende Mai–Anfang Sept. Mo–Sa 10.30–20.30, So 10.30–18.30 Uhr
Eintritt Erwachsene 11,95 $, Kinder 7,95 $

Museum

Hansen Planetarium

Hervorragende Alternative zu den religiös orientierten Sehenswürdigkeiten im Umfeld des Temple Square. Hier können Sie sich auf einen simulierten Trip zu den Sternen begeben, Laser-Musikshows sehen und hören, einen Blick auf Original-Mondgestein und phantastische Bilder aus dem Weltraum werfen oder im gutsortierten Museumshop einkaufen.
15 South State St.
Mo–Do 9–21, Fr–Sa 9–24, So 13–16 Uhr
Eintritt 5,50 $

Essen und Trinken

Archibald's Restaurant at Gardner Historic Village

Die Old-Gardner-Getreidemühle wurde 1877 von Archibald Gardner erbaut und beherbergt ein Restaurant (keine Reservierungen). In angenehmer Atmosphäre werden regionale Spezialitäten serviert. Vor oder nach dem Essen können Sie durch die Geschäfte des kleinen, aber hübsch gestalteten Gardner

DER BESONDERE TIP

Kennecott's Bingham Canyon Copper Mine Südlich von Salt Lake City hat die Firma Kennecott in der größten Tagebau-Kupfermine der Welt ein gigantisches Loch in die Erde gegraben: Es ist 800 m tief und hat einen Durchmesser von 4 km! Werfen Sie von der Aussichtsplattform am Informationszentrum (Film und Ausstellungen) einen Blick wie aus der Vogelperspektive auf den menschengemachten Krater. Zufahrt via Ausfahrt 301 der I-15, dann Hwy 48 nach Westen, April–Okt. tgl. 8–20 Uhr, Eintritt 2 $ pro Auto ■ F 5

Historic Village bummeln. Das Village
ist ein idealer Stopp auf dem Weg
zur Brigham Canyon Copper Mine.
1095 West 7800 South St. (Zufahrt
via I–15, Ausfahrt 301, und weiter
auf dem Hwy 48 nach Westen,
Tel. 801/566-6940
Zu Lunch und Dinner durchgehend
geöffnet
Mittlere Preisklasse (AMEX, EC,
VISA)

Lamb's Restaurant
Essen Sie, wo sich Salt Lake Citys
Geschäftsleute zum Lunch treffen.
Das im Stil der 30er Jahre eingerich-
tete, älteste Restaurant der Stadt
besitzt eine reichhaltige Speisekar-
te. Vorzügliche Meeresfrüchte.
169 South Main, Downtown
Tel. 801/364-7166
Mo–Sa 7–21 Uhr
Mittlere Preisklasse (AMEX, DC, EC,
VISA)

Rio Grande Café
Mexikanisches Restaurant im
nostalgischen Neon Decor Style im
historischen Rio Grande Railroad
Depot, vier Blocks südwestlich des
Temple Square. Die Bahnhofsge-
gend ist allerdings abends nicht die
beste Adresse.
270 South Rio Grande
Tel. 801/364-3302
Tgl. Lunch und Dinner, So mittags
geschl.
Untere Preisklasse (AMEX, EC,
VISA)

Einkaufen

Crossroads Plaza
Salt Lake City verfügt gleich über
zwei große Einkaufszentren direkt in
der Innenstadt unweit des Temple
Square. Die moderne **Crossroads
Plaza** beherbergt 133 Geschäfte
und 21 Fast-food-Restaurants. Sie
ist das größte Einkaufszentrum von
Downtown.

Trolley Square
Das mondänste Einkaufszentrum
der Stadt entstand aus einem
Straßenbahndepot aus dem Jahre
1908. Bei der gelungenen Neuge-
staltung wurde die ursprüngliche
Baustruktur berücksichtigt. Rund
100 Ladenlokale gehobenen Stils
sowie gute Bars und Restaurants
verführen zum Bummeln.

ZCMI Center
Etwas kleiner ist die benachbarte
ZCMI Center Mall, zu deren opti-
schen Reizen ein lichtdurchflutetes
Atrium und die schmiedeeiserne
Fassade von 1902 zählen. Das Wa-
renhaus der »Zions Cooperative
Mercantile Institution«, kurz ZCMI,
geht auf eine Idee des Mormonen-
führers Brigham Young zurück und
ist noch heute den mormonischen
Werten verbunden. Im Gegensatz
zu anderen Malls bleibt das ZCMI
Center sonntags geschlossen.

Am Abend

Dead Goat Saloon
Sehr beliebte Downtown-Bar am
Arrow Press Square, ohne Drinks,
doch mit Live-Musik und viel Stimmung. Warme Mahlzeiten gibt es
wochentags von mittags bis nachts,
an Wochenenden nur abends.
165 South West Temple

Green Street Social Club

Eine Ausnahme im Mormonenstaat
Utah: Wegen der strengen Alkohol-
gesetzgebung gibt es hochprozenti-
ge Drinks nur in privaten Clubs. Und
so verlangt der stark frequentierte
Green Street Social Club mit Schank-
lizenz und Live-Entertainment eine
»Kurzzeitmitgliedschaft« (**temporary
membership**). Lassen Sie sich als
Kurzzeitmitglied eintragen. Die ex-
quisite Küche liefert mittags und
abends die nötige Grundlage.
610 Trolley Square
Eintritt 5 $

Service

Auskunft
Salt Lake City
180 South West Temple
Salt Lake City, UT 84101-1493
Tel. 801/521-2822, 800/541-4955
Fax 801/355-9323

Auto
Automobilclub AAA
560 E. 500 South
Tel. 800/541-9902

Bus
Utah Transit Authority
Tel. 801/262-5626

Ausflugsziele

Dinosaur National
Monument ■ H 5

Der Geheimtip in Utah! Die überaus
farbenprächtige und formenreiche
Landschaft liegt an der Grenze zwischen Colorado und Utah. Neben
der Fundstätte der Dinosaurierkno-
chen, dem **Dinosaur Quarry**, gehören vor allem die Aussichtspunkte
zu den Attraktionen. Ein unübertrof-
fenes Panorama bietet sich von
Harpers Corner. Am Ende des 3 km
langen Trails stehen Sie hoch oberhalb des Zusammenflusses von
Yampa River und **Green River**. Die
Aussicht auf die schräggefalteten
Bergschichtungen und den annähernd 800 m weiter unten liegen-
den Flußcanyon ist schlicht atembe-
raubend. Eine schöne, aber sehr
buckelige Staubpiste führt hinunter
in den prächtigen **Echo Park** am
Zusammenfluß, informieren Sie sich
vorher über den Straßenzustand!
Eine dritte, etwas abgelegenere Zufahrt endet am **Canyon of Lodore**,
einem steilen Canyon.
Eintritt 5 $ pro Wagen, Golden-
Eagle-Ganzjahrespaß für alle US-
Nationalparks 25 $

Dinosaur Museum: auch etwas für die Kleinen

Flaming Gorge National Recreation Area ■ G 5

Einer der größten Stauseen in den USA liegt einsam und wunderschön zwischen den hügeligen Wüstenregionen Wyomings im Norden und den tiefen Schluchten von Utahs Uinta Mountains im Süden. Das **Red Canyon Visitors Center** wartet mit einem prächtigen Panorama auf den 450 m unterhalb gelegenen See und den Red Canyon auf. Unternehmen Sie auf jeden Fall auch den Abstecher zum **Dowd Mountain**. Am Ende der Schotterstraße eröffnet sich oberhalb des Canyonrands erneut ein phantastischer Ausblick.

Der Hwy 44 führt im Südwesten des Sees an der **Sheep Creek Bay** vorbei und von dort wieder in die Höhe. Die roten Felswände mit den weißen Gesteinsstreifen am Seeufer gaben der Flaming Gorge ihren Namen – »flammende Schlucht«.

TOP TEN
6

Great Salt Lake/Great Salt Lake Desert ■ L 5/F 6

Weit über 100 km lang ist der Great Salt Lake, aber maximal nur 8 m tief. In dem abflußlosen See ist der Salzgehalt bis zu zehnmal höher als in den Weltmeeren.

Beste Gelegenheiten zum Salzwasserschwimmen bietet der **Antelope Island State Park**. Hier gibt es einen schönen Strand mitsamt Duschen zum Abwaschen der Salzkruste. Mit etwas Glück sehen Sie einige der 700 Büffel, die auf der Insel leben (Zufahrt via I-15, Ausfahrt 335 nördlich von Salt Lake City, und weiter auf dem Hwy 108, Eintritt 5 $). Rund 120 km westlich von Salt Lake City führt die Autobahn I-80 mitten durch die Salzwüste. Gleich neben der Straße schimmern Salzklumpen wie reinweißer Schnee. Neben einem Autobahn-Rastplatz unweit der Staatengrenze zu Nevada können Sie auf den endlos erscheinenden Salzfeldern umherspazieren.

Die Farben des Gesteins gaben der Flaming Gorge ihren Namen

Rundfahrten in Washington versprechen Touren zwischen grünem Regenwald und grauer Wüste, zwischen weiter Meeresbrandung und hohen Vulkanen.

In Washington treffen höchst unterschiedliche Regionen aufeinander. Der Staat ist sowohl für Holzwirtschaft als auch für Landwirtschaft mit Rinderhaltung im Westen und Getreideanbau im Osten bekannt. Bester Ausgangspunkt für Ausflüge durch die Landschaftsvielfalt ist **Seattle**, die Metropole des pazifischen Nordwestens. Schippern Sie von der Millionenstadt zu den **San Juan Islands,** und schauen Sie bei einer Walbeobachtungsexkursion den mächtigen Orcas zu. Nehmen Sie sich Zeit für die wunderbaren Küstenstriche auf der Olympic-Halbinsel, für die mit Strandgut übersäten einsamen Strände, für die Regenwälder. Zu den eindrucksvollsten Vertretern des Vulkangürtels rings um den Pazifik zählen die schnee- und gletscherbedeckten Gipfel der **Cascade Range**, wie der **Mount Rainier** oder der 1980 ausgebrochene **Mount St. Helens**. Durch diese Bergwelt schlängelt sich der **Columbia River**, Grenzfluß zu Oregon, auf seinem Weg von den trockenen Hochebenen zum Pazifik.

Üppig grün ist der Hoh Rain Forest im Olympic National Park

Seattle

■ B 1

Flugzeuge und Fähren, Wale und Waterfront, Pike Place Market und Pioneer Square – Seattle besitzt das Ambiente einer lebenswerten Großstadt in beneidenswerter Umgebung. Die Millionenmetropole Seattle besticht durch ihre reizende Lage an dem von größeren und kleineren Inseln durchsetzten **Puget Sound**. Im Hintergrund erheben sich die Berge der **Cascade Range**, und wenn Sie morgens im Südosten die dominierende Eiskappe des **Mount Rainier** klar erspähen, winkt ein prachtvoller Schönwettertag.

Markante Skyline an der Waterfront

In den letzten drei Jahrzehnten hat der Großraum Seattle ein beachtliches Wachstum erlebt, das in nicht unerheblichem Maße mit dem Namen **Boeing** verbunden ist. Ein deutliches Zeichen der florierenden Konjunktur setzt die Skyline mit den höchsten Gebäuden des Nordwestens entlang der Waterfront. Zur Weltausstellung 1962 wurde die 185 Meter hohe, schlanke **Space Needle** errichtet, noch heute das Wahrzeichen der Stadt, von dem Sie einen fabelhaften Blick über Seattle, Meer und Berge haben. Knapp 300 Meter hoch ragt das 1985 erbaute **Columbia Seafirst Center** in den Himmel.

Mildes Klima und heiße Nächte

Downtown Seattle – dort herrscht noch Leben. Größte Anziehungspunkte sind tagsüber der **Pike Place Market** und abends der lebendige **Pioneer Square**. An der langgestreckten, belebten **Waterfront** starten Fähren und Ausflugsschiffe zu den Inseln und nach Kanada. Seattle besitzt ein relativ mildes, sommerliches Klima mit angenehmen Temperaturen deutlich über 20 °C. Ankommende Regenwolken bleiben meist an den westlich vorgelagerten Bergen des **Olympic National Park** hängen.

Mit Monorail von Downtown bequem zur Space Needle

Die »Weltraumnadel« ist das Wahrzeichen von Seattle

Hotels und andere Unterkünfte

The Claremont Hotel
Die meisten Zimmer sind Suiten mit eigener Küche. Sehr verkehrsgünstig in Downtown gelegen, gutes Preis-Leistungs-Verhältnis. Im Erdgeschoß bietet das italienische Assaggio Ristorante eine erfreuliche Menüauswahl.
2000 4th Ave.
Tel. 206/448-8600, 800/448-8601
Fax 206/441-7140
120 Zimmer
Obere Preisklasse (AMEX, DC, EC, VISA)

Hampton Inn Hotel Seattle Airport
Verkehrsgünstiges Kettenhotel mit angenehmem Ambiente in Airportnähe. Übernachtungen einschließlich American Breakfast Buffet.
19445 International Blvd.
Tel. 206/878-1700, 800/HAM-PTON
Fax 206/824-0720
131 Zimmer
Mittlere Preisklasse (AMEX, DC, EC, VISA)

Mayflower Park Hotel
Zentral am Westlake Center gelegenes, elegantes Hotel mit europäischem Charme.
405 Olive Way
Tel. 206/623-8700, 800/426-5100
Fax 206/382-6997
173 Zimmer
Obere Preisklasse (AMEX, DI, EC, VISA)

Pacific Plaza Hotel
Geschmackvoll renoviertes, älteres Hotel unweit des Pioneer Square.
400 Spring St.
Tel. 206/623-3900, 800/426-1165
Fax 206/623-2059
160 Zimmer
Mittlere Preisklasse (AMEX, DI, EC, VISA)

Seattle Hostelling International
Die Jugendherberge liegt neben dem Pike Place Market.
84 Union St.
Tel. 206/622-5443
Fax 206/682-2179
139 Betten
Untere Preisklasse (EC, VISA)

Spaziergang

Ausgangspunkt eines Seattle-Rundgangs ist die Monorail-Haltestelle (4th Ave./Pine St.) am **Westlake Center**. In unmittelbarer Nachbarschaft befinden sich zwei weitere Einkaufszentren: **City Centre** (Pike St./5th Ave.) und **Century Square** (Pike St./3rd Ave.). Von den modernen Einkaufstempeln geht es über die Pike Street und den nostalgischen **Pike Place Market** weiter zur **Waterfront** am **Seattle Aquarium** (Pier 59). Folgen Sie nun den Piers südwärts, vorbei an einer bunten Mischung aus belebten Fähranlegern, Fischrestaurants und Geschäften. Dabei weht Ihnen immer eine erfrischende Brise vom Puget Sound um die Nase. An der **South Main Street** bei Pier 48 verlassen Sie die Hafenanlagen und wenden sich landeinwärts zum **Pioneer Square**, dem Zentrum von Seattle im 19. Jh. Insgesamt legen Sie auf dem Spaziergang 2 km zurück. An der Waterfront zwischen Pier 50 und 70 verkehren nostalgische Trolleys.

Sehenswertes

Argosy Seattle Harbor Tour
Während der einstündigen Hafenrundfahrt durch die **Elliott Bay** genießen Sie ein phantastisches Panorama auf Downtown.
Pier 55
Juni–Sept. 6mal tgl. 11–17.15 Uhr sonst weniger Fahrten
Fahrpreis 12,70 $

Bill Speidel's Underground Tour

Downtown Seattle ist nach der verheerenden Brandkatastrophe von 1889 »ein Stockwerk oberhalb« der originalen Straßenzüge wiederaufgebaut worden. Auf einer Rundtour durch »Underground Seattle« können Sie einen Blick in die einstigen Erdgeschosse werfen, die nunmehr als Kellergeschosse dienen, die alten Straßenzüge, die jetzt unterirdisch verlaufen, sind heute oftmals verbaut. Ausgangspunkt ist Doc Maynard's Public House am **Pioneer Square**.
610 1st Ave.
Tgl. 10–18 Uhr
Eintritt 6 $

Kenmore Air

Mit dem Wasserflugzeug überqueren Sie bei dem 45minütigen Trip die fotogene Inselwelt der San Juan Islands im Puget Sound. Die Flugzeuge landen direkt im Hafen von **Friday Harbor**.
950 Westlake Ave. N am Lake Union, nur Minuten von Downtown entfernt Fester Flugplan mit zahlreichen Abflügen tgl.
Tel. 800/543-9595
Kosten 80 $

Kerry Park

Exzellenter Aussichtspunkt. Bei Sonnenuntergang bewundern Sie ein spektakuläres Panorama mit der Space Needle im Vordergrund, den Wolkenkratzern von Downtown Seattle dahinter, der schneebedeckten Kappe des Mount Rainier in weiter Ferne, der sich allerdings allzu oft im Dunst versteckt. Zufahrt: 1 km nordöstlich vom Seattle Center über Queen Anne Ave. und West Highland Drive.

Lake Washington Ship Canal

Sowohl Frachtschiffe als auch Freizeitboote passieren den Kanal zwischen Puget Sound und Lake Washington. Am besten sehen Sie den unablässigen Verkehr an der **Hiram-M.-Chittenden**-Schleuse. Für die insbesondere zwischen Mitte Juni und September flußaufwärts wandernden Lachse wurden zur Umgehung der Schleusenanlagen spezielle Stufen (**fish ladder**) eingelassen. Für Besucher gibt es große Sichtfenster zur Lachsbeobachtung. Zufahrt via Ausfahrt 169 der I-5 nördl. von Downtown, dann weiter nach Westen auf der N 45th St.
Eintritt frei

Seattle Aquarium und Omnidome

An Pier 59 befindet sich Seattles **Aquarium** mit einheimischen und exotischen Fischen.
Ende Mai–Anfang Sept. tgl. 10–19, sonst bis 17 Uhr
Eintritt 6,75 $
Im gleichen Komplex zeigt der **Omnidome** auf einer 30 m hohen, gewölbten Riesenleinwand einen Film über den Vulkanausbruch des Mount St. Helens.
Juni–Sept. 10–22, sonst 10–19 Uhr
Eintritt 5,95 $

Space Needle

Vom freistehenden, 185 m hohen Turm der »Weltraumnadel« aus liegt Ihnen Seattle mit all seinen Attraktionen zu Füßen. Alles im Blick haben Sie auch in den beiden Drehrestaurants an der Spitze, die sich stündlich einmal um ihre eigene Achse bewegen. Von der Space Needle bringt Sie die hochschwebende Monorail nach Downtown.
Tgl. 7–24 Uhr
Eintritt 6,50 $

Museum

Museum of Flight

Das bedeutendste Luftfahrtmuseum an der Westküste präsentiert rund 50 Flugzeuge. Von einer frühen Boeing über das schnellste Flugzeug der Welt bis hin zur Apollo-Raumkapsel – das gesamte Spektrum der Fliegerei ist vertreten. In der ersten Produktionshalle der Firma Boeing sehen Sie verschiedene Ausstellungen zum Thema Luftfahrt.
9404 East Marginal Way South (via Ausfahrt 158 der I-5)
Tgl. 10–17 Uhr
Eintritt 6 $

Essen und Trinken

Metropolitan Grill

Das stets gut besuchte Downtown-Restaurant serviert vorzügliche Steak- und Lachsgerichte.
820 2nd Ave.
Tel. 206/624-3287
Mo–Fr Lunch und Dinner, Sa und So nur Dinner
Mittlere Preisklasse (AMEX, DC, EC, VISA)

Tillicum Village

Setzen Sie mit dem Schiff von Pier 56 zur 13 km entfernten Insel **Blake Island** über. Dort erwartet Sie ein über dem Holzgrill traditionell zubereitetes Lachsessen in einem indianischen Long House sowie indianische Tänze. Kalkulieren Sie mindestens vier Stunden für den Ausflug ein, ein Erlebnis!
Mai–Mitte Okt. tgl. 18.30 Uhr
Tel. 206/443-1244, 800/426-1205
Inkl. Bootsfahrt, Essen und Entertainment 46,50 $ (AMEX, EC, VISA)

Trattoria Mitchelli

Ein zu jeder Tageszeit beliebter und preisgünstiger Treff am Pioneer Square. Ruhen Sie sich hier von der Stadterkundung aus, beobachten Sie Passanten und genießen Sie die fabelhafte italienische Küche.
84 Yesler Way
Tel. 206/623-3883
Tgl. 7–4, So und Mo bis 23 Uhr
Untere Preisklasse (AMEX, EC, VISA)

Einkaufen

Pike Place Market

Einer der besten Märkte in den USA, der seit 1907 mit der unendlichen Vielfalt eines ursprünglichen Bauernmarktes mit Fisch-, Obst- und Gemüseständen besteht. Im Laufe der Zeit haben sich Geschäfte, Kneipen, Fast-food-Lokale und eine Fülle an Restaurants dazugesellt, zur lebhaften Stimmung tragen Straßenmusiker bei. Lassen Sie den Markt nicht aus! Er ist über eine Treppe mit dem Aquarium an der Waterfront verbunden.
Pike St./1st Ave.
Mo–Sa 9–18, So 11–17 Uhr

TOP TEN 4

Am Abend

Pioneer Square Historic District

Ein ehemals heruntergekommenes Viertel zeigt sich heute prächtig restauriert unter Beibehaltung der Originalfassaden. Besuchen Sie das ausgezeichnete Museum des **Klondike Gold Rush National Historical Park**, das an die Zeit des legendären Klondike-Goldrausches gegen Ende des 19. Jh. erinnert, als die Goldschürfer von Seattle aus gen Norden dampften. Am Abend erwacht das historische Viertel zu blühendem Leben. Wochentags können Sie bis Mitternacht, freitags und samstags bis 2 Uhr morgens ungestört flanieren, es gibt Bier, Live-Musik und viel Volk.

Bekannte Adressen im Pioneer Square: Das **New Orleans Restau-**

rant (114 1st Ave. S.) bietet kreoli-
sche Küche aus dem Süden, aber
auch täglich großartige Live-Unter-
haltung mit Dixieland, Jazz und Blues. **Larry's** (209 1st Ave. S.), ebenfalls täglich geöffnet, verspricht den
besten Rhythm and Blues, und das
J & M Café (201 1st Ave. S.) ver-
sprüht den Charme und die Atmosphäre eines Saloons im Stil der Goldrauschzeit. Viele Bars am Pioneer
Square beteiligen sich am »joint co-
ver«: Sie zahlen einmal Eintritt und
haben Zutritt zu mehreren Bars.

Spirit of Puget Sound
Das Ausflugsschiff »Spirit of Puget
Sound« läuft zu dreistündiger Dinner
Cruise inklusive Dinner Buffet, Live-
Musik und Broadway Show aus.
Ab Pier 70
Tel. 206/443-1442
Tgl. 19, So 18 Uhr
Kosten wochentags 38,95 $,
Sa 42,95 $

Service

Auskunft
Seattle King County CVB
520 Pike St., Suite 1300
Seattle, WA 98101
Tel. 206/461-5800
Fax 206/461-5855

Auto
AAA-Automobilclub Washington
330 6th Ave. N
Tel. 206/448-5353, 800/562-2582

Bus
Seattle Metro
Tel. 206/553-3000

Taxi
Yellow Cab
Tel. 206/622-6500

Ausflugsziele

Boeing Plant ■ B 1

Allseits bekannter (und konjunktur-
abhängiger) Wirtschaftszweig ist der
Flugzeugbau der Firma Boeing, mit
der Seattle seit 1916, dem Jahr der
Firmengründung, durch Höhen und
Tiefen ging. In einer riesigen Fabri-
kationshalle werden die größten
Flugzeuge der Welt, die Jumbos
747, und ihre kleineren Schwestern,
die Boeings 767, hergestellt. Ein
Rundgang durch die Produktionsan-
lagen des weltgrößten Flugzeugher-
stellers ist beeindruckend. Trotz
rechtzeitiger Ankunft müssen Sie
insbesondere im Hochsommer War-
tezeiten einkalkulieren. Alternativ
bietet sich eine Tour (kostenpflich-
tig, aber ohne Anstellen) mit dem
Busunternehmen **Gray Line** ab
Seattle an.
Everett, 40 km nördl. von Seattle,
Ausfahrt 189 von I-5 auf Hwy 526
Mo–Fr 8.30–16 Uhr
Eintritt frei

Mount Rainier
National Park ■ B 2

Etwa 80 km südöstlich der Millionenstadt Seattle entfernt erhebt sich im
gleichnamigen Nationalpark der
mächtige Mount Rainier (4392 m),
seines Zeichens höchster Gipfel der
schroffen **Cascade Mountains**.
Die eindrucksvollste Aussicht auf
den Bergriesen hat man vom knapp
2000 m hoch gelegenen Visitors
Center in **Sunrise**, von wo man
direkt auf die Gletscher der gewaltigen Ostflanke schaut. Kalkulieren
Sie auf den Höhenstraßen und in
Höhenlagen Schnee bis Ende Juni,
zuweilen bis Anfang Juli ein. Gleichfalls östlich des Nationalparks bietet

sich Ihnen ein weiteres bemerkenswertes Panorama. Hierfür fahren Sie zum **Chinook Pass** auf dem Hwy 410 Richtung Yakima oder alternativ mit dem Sessellift auf den Crystal Mountain.

Eintritt pro PKW 5 $, Golden-Eagle-Ganzjahrespaß für alle US-National-parks 25 $

Mount St. Helens ■ B 2

Die Wanderung zur **Windy Ridge** gehört zu den beeindruckendsten Kurztrips im Nordwesten. Klare Sicht vorausgesetzt, blicken Sie nach einem Aufstieg von nur 15 Minuten auf den mächtigen Schlund des am 18. Mai 1980 ausgebrochenen Vulkans, aus dem noch heute dampfende Schwaden emporsteigen. Betrachten Sie die umgewirbelten Bäume, steigen Sie über Gestein und Asche näher heran, oder marschieren Sie in luftiger Höhe oberhalb des **Spirit Lake** weiter, wo in der Ferne die weißen Kuppen des **Mount Rainier** und des **Mount Adams** hervorlugen (Zufahrt von Norden über Randle und die FR 26).

Falls die Zeit für eine Zufahrt zur Windy Ridge nicht ausreicht, wählen Sie zumindest ab **Castle Rock** (Ausfahrt 49 von der I-5) den 72 km langen Hwy 504 zum **Coldwater Ridge Visitors Center**. An der Parkinformation und auf der weiter bergauf führenden Straße haben Sie einen schönen Blick auf den Vulkan.

Olympic National Park ■ A 1/B 1

→ Routen und Touren, Die Pazifikküste in Washington und Oregon, S. 97

DER BESONDERE TIP

Whale Watching zwischen den San Juan Islands Die Exkursion durch die Inselgruppe der San Juan Islands, nördlich von Seattle, ist ein Erlebnis. Bester Ausgangspunkt ist Friday Harbour auf der Hauptinsel San Juan Island (Zufahrt per Fähre ab Anacortes). Die Bootstouren haben sich auf die Beobachtung von Orcas (Schwertwalen) spezialisiert. Die schwarzen Säugetiere mit den markanten weißen Flecken halten sich insbesondere in den Monaten Mai bis September in den Gewässern rund um die knapp 200 Inseln auf. Zwar wird mit modernen Ortungsgeräten und auch Funkkontakten zu anderen Schiffen der aktuelle Standort der Orcas aufgespürt – aber wie das Leben in der freien Natur so spielt, manchmal betreiben die Orcas ein allzu perfektes Versteckspiel! Buchung bei **Mosquito Fleet**; Tel. 800/325-ORCA; Kosten 69 $; Dauer zehn Stunden, einschließlich Kurzstopp in Friday Harbour (Alternativreise mit Wasserflugzeug ab Seattle); Abfahrt ab Marina Village in Everett, nördlich von Seattle ■ B 1

Von Gletschern bedeckt: der fast 4400 m hohe Mount Rainier

Welcome to Wyoming« – der Cowboystaat lädt ein auf riesige Ranches, zum rustikalen Reiterurlaub und zu rasanten Rodeos.

Wyoming – das ist Westerntradition pur. Dazu gehören die **Cheyenne Frontier Days**, das bekannteste Rodeo in den USA, aber auch der **Wyoming Territorial Park**, Laramies Freilichtmuseum mit dem ehemaligen Territorialgefängnis, in dem berühmte Revolverhelden wie Butch Cassidy ihren Prozessen entgegensahen. Dazu zählen auch Ausritte in die **Rocky Mountains** und Traumurlaube auf den Ranches im Cowboy State.

Wyoming, das ist der **Yellowstone National Park**, die Perle der amerikanischen Nationalparks. Zwei landschaftlich großartige Zufahrten führen quer durch den Staat zur Wunderwelt aus brodelnden Teichen und spritzenden Geysiren. Aus Osten kommen Sie via **Thermopolis**, wo sich eine Badepause an den heißen Quellen anbietet, nach **Cody**, die liebenswerte Heimat von Buffalo Bill, in der das allabendliche Rodeo und das beste Westernmuseum der Rocky Mountains zum Verweilen einladen. Die südliche Zufahrt in den Yellowstone National Park passiert den **Grand Teton National Park** und **Jackson**, Wyomings touristische Hochburg – ein Wintersportort par excellence und auch im Sommer ein sehr beliebtes Urlaubsziel. Insbesondere das **Whitewater Rafting** auf dem Snake River genießt große Popularität.

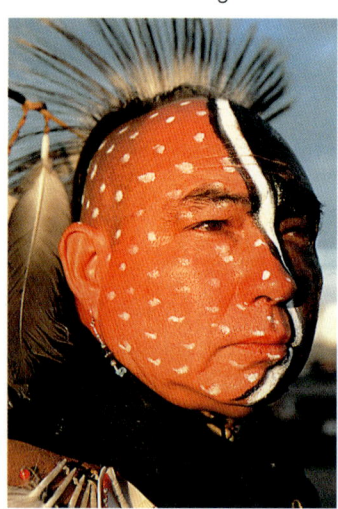

Wyoming: ursprünglich das Land
der Prärieindianer

Im Cowboystaat müssen Cowboys auch für die Werbung herhalten

Ausflugsziele

Cheyenne ■ K 5

Cheyenne ist mit 50 000 Einwohnern die größte Stadt Wyomings. Den markantesten städtebaulichen Akzent setzt die goldbesetzte Kuppel des weithin sichtbaren neoklassizistischen **State Capitol**. Unweit des Capitols (Carey/W. 16th St.) finden im Sommer regelmäßig »shootouts« der Cheyenne Gunslingers statt (Juni–Juli Mo–Fr 18, Sa 12 Uhr, Eintritt frei). Nur einmal im Jahr steht die beschauliche Hauptstadt Wyomings vollkommen Kopf. Bei den alles übertreffenden **Cheyenne Frontier Days** im Juli grassiert ein wahrlich turbulentes Rodeofieber (→ Feste und Festspiele).

Hotel

Best Western Hitching Post Inn
Angenehmes Mittelklassehotel mit Swimmingpool, Sauna und zwei guten Restaurants.
1700 W. Lincolnway
Tel. 307/638-3301, Fax 307/778-7194
166 Zimmer
Mittlere Preisklasse (AMEX, DC, EC, VISA)

Museum

Cheyenne Frontier Days Old West Museum
Das Museum des alten Westens am Frontier Park besticht durch eine schöne Sammlung von Pferdekutschen. Zur Fülle der weiteren Themen gehören die Geschichte der Frontier Days, der Eisenbahn und der Westernmode.
Mitte Mai–Anfang Sept. Mo–Fr 9–17, Sa, So 11–16 Uhr
Eintritt 3 $

Essen und Trinken

Poor Richards
Prime Ribs und Seafood gehören zu den Spezialitäten. Das im Pionierstil eingerichtete Restaurant serviert Lunch und Dinner.
2233 E. Lincolnway
Tel. 307/635-5114
Mittlere Preisklasse (AMEX, DC, EC, VISA)

Am Abend

Cheyenne Club
Cheyennes großer Country Night Club sorgt für Stimmung unter Country-Fans, außer sonntags gibt es hier jeden Abend Live-Musik.
1617 Capitol Ave.

Cody ■ H 3

Im Winter ist Cody eine verschlafene Kleinstadt – doch sobald die Straßen in den Yellowstone vom Schnee befreit sind, erwacht der Ort zu neuem Leben: Touristen! In der alten Downtown Area gibt es zahlreiche **Western Stores**, in der Umgebung viele Ranches und auf dem **Shoshone River** erfrischendes Whitewater Rafting.

Hotel

Irma Hotel
Nostalgisches Westernhotel in Downtown Cody, das dereinst Bauherr Buffalo Bill nach seiner Tochter benannte. Die kostbare Bar war ein Geschenk von Königin Victoria an Buffalo Bill als bleibende Anerkennung für seine Wild West Show.
1192 Sheridan Ave.
Tel. 307/587-4221
41 Zimmer
Mittlere Preisklasse

Museen

Buffalo Bill Historical Center

Der Namensgeber der Stadt, Colonel William F. Cody, genannt Buffalo Bill, galt bereits zu seinen Lebzeiten als Westernheld in Amerika und Europa. Nach seinem Tode avancierte er zur legendären Westernfigur schlechthin. Mit seiner berühmten Wild West Show hatte er gekrönte Häupter entzückt, als Darsteller konnte er eine Saison lang sogar Häuptling Sitting Bull gewinnen.

Wyomings bestes Museum besteht aus vier erstklassigen eigenständigen Komplexen. Im **Buffalo Bill Museum** sehen Sie Erinnerungsstücke und Relikte aus der Ära des berühmten Westernhelden. Bilder und Skulpturen bekannter Westernkünstler präsentiert die **Whitney Gallery of Western Art**. Im **Plains Indian Museum** dokumentieren indianische Waffen, Gebrauchsgegenstände und Kleidung das Leben der Ureinwohner, und im **Cody Firearms Museum** werden Sie mit der weltgrößten Sammlung amerikanischer Feuerwaffen konfrontiert.

Ein Tip: Im gutsortierten Museumsgeschäft finden Sie eine breitgefächerte Auswahl an Kunst und Kitsch des Wilden Westens.
Juni–Aug. 7–22, Mai und Sept. 8–20 Uhr, sonst verkürzte Öffnungszeiten
Eintritt 8 $

Old Trail Town

Westlich von Cody an Hwy 14/16/20 liegt ein rekonstruiertes Dorf mit historischen Häusern aus der Zeit der Jahrhundertwende und einem Museum mit allerlei Gebrauchsgegenständen des Westens.
Ende Mai–Mitte Sept. 8–19 Uhr
Eintritt 3 $

Essen und Trinken

La Comida

Zwischen 11 und 22 Uhr serviert man hier außergewöhnliche mexikanische Küche. Begehrt sind die leckeren Desserts, besonders schön sitzen Sie draußen.
1385 Sheridan Ave.
Tel. 307/587-9556
Mittlere Preisklasse (AMEX, DC, EC, VISA)

Am Abend

Cody Nite Rodeo

Das Cody Nite Rodeo ist kein einwöchiges Großereignis à la Cheyenne Frontier Days, sondern eine seit 50 Jahren Nacht für Nacht stattfindende Veranstaltung, bei der Sie alle Rodeodisziplinen kennenlernen können. Das **Bareback Bronc Riding** ist die klassische Rodeodisziplin auf einem ungesattelten bockenden Pferd. Beim **Saddle Bronc Riding** trägt das Pferd zwar einen Sattel, doch das macht es für den Reiter auch nicht viel einfacher. Beim **Calf Roping** muß blitzschnell ein Kalb mit dem Lasso eingefangen werden. Zu zweit einen Stier mit dem Seil einfangen, darum geht es beim **Team Roping**, und beim **Steer Wrestling** muß ein einzelner starker Cowboy den Stier buchstäblich an den Hörnern packen und umwerfen. Zuschauerfavorit ist das **Bull Riding**, bei dem Männer auf muskelbepackten Bullen durch die Arena schießen. Stürzt der »Reiter«, beginnt der Rodeo-Clown seine wagemutigen Faxen, um den Bullen fernzuhalten. Das **Barrel Racing** ist die klassische Damendisziplin. Mit guttrainierten Quarter Horses jagen die Reiterinnen möglichst schnell über einen abgesteckten Parcours.
Juni–Aug. tgl. 20.30 Uhr
Eintritt Tribüne 7 $

TOPTEN 8

SEHENSWERTE ORTE UND AUSFLUGSZIELE

Devils Tower National Monument ■ I 3

Mitten aus der ebenen Prärie ragt ein einzelner, fast 300 m hoher Steinmonolith vulkanischen Ursprungs in den blauen Himmel Nordost-Wyomings. Der weithin sichtbare »Teufelsturm« diente dereinst vielen frühen Siedlern als Orientierungspunkt. Umwandern Sie auf dem 2 km langen Trail den Devils Tower, und bewundern Sie dabei die wagemutigen Kletterer, die ihr Können an dem senkrechten Berg aus Säulenbasalt demonstrieren. Eintritt 4 $ pro Auto, Golden-Eagle-Ganzjahrespaß für alle US-Nationalparks 25 $

Sieht aus wie ein riesiger Baumstumpf: Devils Tower

Grand Teton National Park ■ G 3/G 4

Yellowstones südlicher Nachbar lohnt auf jeden Fall eine Extratour! Der malerisch gewundene Snake River vor der Kulisse der knapp 4200 m hohen Teton Range mit trockenen, ausgedorrten Salbeibüschen im Flußtal, die Bisons auf fruchtbaren grünen Weiden und die kleinen Gletscher auf den schroffen Gipfeln machen einen Besuch zum Erlebnis. Knapp 30 km lang verläuft die Hauptstraße zwischen Moran Junction und Moose Junction entlang dieses markanten Panoramas.

Den ersten Trappern kamen beim Anblick der harmonischen Bergwelt wohl andere Gedanken, sie nannten die Gipfel »les trois tetons«, die drei Busen. Imposant erscheinen die Berge auch vom Gipfel des Signal Mountain. Folgen Sie dafür von der Teton Park Road der 8 km langen, schmalen Straße auf den Aussichtsberg rund 500 m über dem Talboden. Ein anderer besonders eindrucks-

voller Anlaufpunkt ist die kleine, aus Holz errichtete Chapel of the Transfiguration, die Kapelle der Verklärung, in Moose. Das einfache Kirchenfenster rahmt die nahen Gipfel der Tetons wie ein Bildnis ein.

An Aktivitäten wird im Grand Teton National Park einiges geboten. Reiten (Reitställe an den beiden untengenannten Hotels), Whitewater Rafting auf dem Snake River innerhalb des Grand Teton National Park (etwas ruhiger als die Trips auf dem Snake River südlich von Jackson) und insbesondere Wandern zählen zu den beliebtesten Beschäftigungen. Eine schöne Route: Wandern Sie um das Westufer des Jenny Lake, und erkunden Sie anschließend auf der anderen Seeseite den kurzen Naturlehrpfad zu den Hidden Falls und zum Inspiration Point (ca. 4 km). Der Rückweg läßt sich mit der Fähre über den Jenny Lake um rund 2,5 km verkürzen.

Hotels und andere Unterkünfte

Colter Bay Village
209 rustikale und gemütlich eingerichtete Blockhäuser stehen für Übernachtungsgäste bereit. Zum überaus großzügig angelegten Feriendorf zählt auch ein Boot- und Kanuverleih am bildschönen **Jackson Lake**.
Nördlich von Moran Junction
Mittlere Preisklasse

Jackson Lake Lodge
Rustikales Hotel mit Panoramafenster und Kamin; liegt nicht, wie der Name vermuten läßt, direkt am Jackson Lake. Nur 42 Zimmer sind in der Main Lodge untergebracht, die anderen verteilen sich auf Seitentrakte. Beheizter Swimmingpool, Ausgangspunkt für Whitewater Trips auf dem Snake River.
Nördlich von Moran Junction
385 Zimmer
Mittlere bis Obere Preisklasse

Buchung für beide Hotels über:
Grand Teton Lodge Company
Tel. 307/543-2855, 800/628-9988
Fax 307/543-2869
Ende Mai–Anfang Okt. geöffn.
(AMEX, DC, EC, VISA)

Service

Auskunft
Grand Teton National Park
Moose, WY 83012-0170
Tel. 307/733-2880
Eintritt 10 $ pro Auto (auch gültig für Yellowstone NP); Golden-Eagle-Ganzjahrespaß für alle US-Nationalparks 25 $

Jackson ■ G 4

Jackson ist ein quirliger Sommerferienort, der aber auch für seine exzellenten Skigebiete bekannt ist. Er ist der wichtigste Zugang des Grand Teton National Parks und die bedeutendste Touristenstadt Wyomings, ideal zum Einkaufen oder Bummeln durch zahlreiche Kunstgalerien. Zwischen Ende Mai und Anfang September erleben Sie allabendlich ein Revolverduell auf dem Town Square (Mitte Mai–Anfang Sept. tgl. außer So 18.30 Uhr, Eintritt frei).
Der Westernjustiz in Jackson gemäß verlieren die Bösen natürlich immer!

Unterkunft

Box R Ranch
In Cora, rund 100 km südöstlich von Jackson, liegt in der Nähe von Pinedale die Box R Ranch. Die **working ranch** mit Platz für 20 Gäste ist seit 1900 im Besitz der Familie Lozier. Herzhafte Mahlzeiten mit Hausmannskost (**country cooking**) runden das exzellente Freizeitangebot ab. Jeder Besucher erhält für die ganze Woche sein eigenes Pferd.
552 Willow Creek Rd. (Zufahrt über Hwy 189/191)
Tel. 307/367-4868, Fax 307/367-4757
Ende Mai–Mitte Sept.
Woche ab 900 $

Sehenswertes

Jackson Hole Aerial Tram
Fahren Sie mit der 4 km langen Seilbahn vom Skigebiet Jackson Hole im **Teton Village** (Zufahrt über Hwy 390) auf den 3184 m hohen **Rendezvouz Mountain** hoch oberhalb der Stadt, der im Sommer guter Aussichtspunkt und im Winter ein exzellentes Skigebiet ist.
Mitte Juni–Anfang Sept. 8–19, Anfang Juni und Sept. 9–17 Uhr
Kosten 14 $

Snow King Scenic Chairlift and Alpine Slide
→ Mit Kindern unterwegs, S. 26

Whitewater Rafting

Unternehmen Sie eine Wildwasser-Schlauchboottour durch den Grand Canyon des **Snake River** rund 30 km südlich von Jackson. Zu den schönsten Fahrten zählt der 12 km lange Halbtagestrip, doch auch die längeren Ausflüge inklusive Lunchpause und Zeltübernachtung am Ufer des Snake sind ihr Geld wert. Zwischen Mitte Mai und September finden täglich zahlreiche Abfahrten statt. Reservierung unter Tel. 307/733-4410 oder 800/358-8184 (Charles Sands Wild Water Trips)
Halbtagestrip 30 $

Essen und Trinken

Bubba's Bar-B-Que Restaurant
Grillgerichte nach Westernart, mit selbstgemachter Sauce und allem, was dazugehört. Preiswert und gut.
515 W. Broadway
Tgl. 7–22 Uhr
Untere Preisklasse (EC, VISA)

Am Abend

Million Dollar Cowboy Bar
In dieser rustikalen Cowboy Bar am Town Square sitzen Sie à la John Wayne auf Westernsätteln an der Bar.
25 N. Cache St.
Mittlere Preisklasse

Laramie ■ 15

In Laramie beginnen zwei parallel zur Autobahn I-80 verlaufende Panoramastraßen. Hwy 130 zieht sich nach Westen durch die bildschöne **Medicine Bow Range** über den an Aussichtspunkten reichen, 3306 m hohen **Snowy Range Pass**. Kristallklare Bergseen säumen die Straße, die später bei **Saratoga** auf heiße Quellen trifft (Freibecken, Eintritt frei). Von Laramie nach Osten, aus den Bergen in die ebenen Prärien, führt die **Happy Jack Road** (Hwy 210; ab Ausfahrt 323 oder I-80 bis Ausfahrt 10 der I-25 in Cheyenne).

Bei Thermopolis liegt die größte Mineralquelle der Welt

Wyoming Territorial Park
Das Freilichtmuseum gruppiert sich um das ehemalige Territorialgefängnis, das originalgetreu in seinen äußerlichen Zustand von 1889 zurückversetzt wurde. Doch eines ist anders – heute können Sie nach Belieben in die Zellen hinein- und wieder herausspazieren, ein Privileg, das früheren »Besuchern« wie dereinst Butch Cassidy nicht vergönnt war. Das **Wyoming Territorial Prison** lockt heute zu einem freiwilligen längeren Aufenthalt, wozu nicht zuletzt eine restaurierte Westernstadt aus den 70er Jahren des 19. Jh. mit praktischen Handwerksdemonstrationen, Postkutschen- und Eisenbahnfahrten, Ponyreiten sowie das **US Marshall's Museum** beitragen.
Ende Mai–Anfang Sept. 9–18 Uhr
Eintritt 7 $

South Dakota ■ K 2/K 4

Verbinden Sie mit einem Besuch des Devils Tower NM einen Ausflug in die nahen **Black Hills** von South Dakota, eine überraschend grüne Oase in den trockenen Prärien. Weltbekannter Höhepunkt ist das **Mount Rushmore National Memorial** mit den in Granit gemeißelten überdimensionalen Präsidentenporträts. Auch der wunderschön gewundene **Needles Highway**, der an steilen Felstürmen vorbeiführt, lohnt einen Abstecher, ebenso wie die ausgedehnten Höhlen des **Wind Cave National Park** und die große Bisonherde des **Custer State Park**.

DER BESONDERE TIP

Thermopolis Am Rande von Thermopolis liegt der **Hot Springs State Park** mit der weltgrößten Thermalquelle, aus der pro Tag 15 Mio. l mit einer konstanten Temperatur von 50 °C sprudeln. Aus dem Quellkessel wird Wasser in das Badehaus des State Park abgezweigt. Was die Shoshone-Indianer in einem Friedensvertrag festgelegt hatten, gilt auch heute noch: Im Heißwasserbecken darf jeder umsonst schwimmen (tgl. 6–22 Uhr). Hotels in der Umgebung des Parks verfügen über eigene, von Thermalquellen gespeiste Bäder. Ein Teil des Wassers ergießt sich über die farbenprächtige **Rainbow Terrace** in den Bighorn River: Südlich von Thermopolis schlängelt sich der **Bighorn River**, dort verheißungsvoll Wind River genannt, durch den pittoresken **Wind River Canyon**. ■ H 4

Yellowstone National Park

■ G3

Die Bilder von Amerikas populärstem Nationalpark bleiben unvergeßlich: dampfende Kalkterrassen, wasserspeiende Geysire und heiße Quellen, dazu tiefe Canyons und mächtige Bisons.

1807 setzte der Trapper John Colter als erster Weißer seinen Fuß in das Territorium der brodelnden Thermalbecken im Gebiet des späteren Yellowstone Park, das nach ihm **Colter's Hell** (Colters Hölle) genannt wurde. Bereits 1872 konnte sich das in Yellowstone umgetaufte Gebiet rühmen, der erste Nationalpark Amerikas, sogar der Welt, zu sein. Als Namensgeber dienten in diesem Fall die gelben Gesteinsablagerungen des **Yellowstone River** an seiner Einmündung in den Missouri River.

Große Temperaturgegensätze kennzeichnen das Wetter im Park. Tagsüber vorherrschender strahlender Sonnenschein bei 30° C verheißt Sommerwonnen, doch nachts sinkt das Thermometer auf nur einige Grad oberhalb der Frostgrenze. Bei Schlechtwettereinbrüchen müssen Sie jederzeit mit Schneefall rechnen. Ohnehin sind die Zufahrtsstraßen in den Park bis Anfang Juni oft durch Schnee gesperrt.

Bären machen sich heute rar

Berühmt sind die historischen Fotos der um Futter bettelnden Yellowstone-Bären am Straßenrand, heute werden Sie Meister Petz kaum noch zu Gesicht bekommen. Seitdem das Füttern der wilden Bären strengstens untersagt ist und bestraft wird, haben sich die allesfressenden Schwarzbären (deren Fellfarbe von schwarz über braun bis zimtfarben rangiert) außer zu gelegentlichen Besuchen ins Hinterland zurückgezogen, die größeren, extrem scheuen Grizzlies halten sich von Natur aus sowieso bevorzugt in unwegsamen Gebirgsregionen auf.

Die bedrohten Bisonbestände wachsen nur langsam

Old Faithful Geysir: Nach ihm kann man die Uhr stellen

Hotels und andere Unterkünfte

Old Faithful Inn

Nur wenige Hotels im Nordwesten besitzen einen ähnlichen phantastischen Standort, das markante Old Faithful Inn liegt direkt am gleichnamigen Geysir. Der Hauptteil des im massiven Blockhausstil erbauten, denkmalgeschützten Gebäudes entstand 1904, der Ostflügel kam 1913 hinzu. 1988 war das Old Faithful Inn bei den verheerenden Waldbränden des Yellowstone Park nur knapp den Flammen entronnen. Umfangreiche Renovierungsarbeiten ließen das vielbesuchte historische Hotel mit der schönen Inneneinrichtung in alter Pracht neu erstehen.
Ende Mai–Mitte Okt.; langfristige Reservierung ist unbedingt ratsam
326 Zimmer
Mittlere bis Obere Preisklasse

Yellowstone Canyon Village Lodge & Cabins

Nördlich der Yellowstone Falls befindet sich der mit Abstand größte Hotel- und Zimmerkomplex im Park. Nur 2,5 Monate im Jahr geöffnet.
Mitte Juni–Anfang Sept.
588 Zimmer
Untere bis Mittlere Preisklasse

Für Hotels in Yellowstone gilt: Es gibt sowohl Zimmer in den Haupthäusern als auch in Cabins außerhalb, die Übernachtungspreise variieren je nach Ausstattung und Lage der Zimmer beträchtlich, die billigen Quartiere (**roughrider**) haben kein Bad und kein WC. Kein Hotelzimmer besitzt Fernsehen, und nur ganz wenige haben Telefonanschluß. Hotelrestaurants servieren Frühstück, Mittag- und Abendessen.

TW Recreational Services
Yellowstone National Park,
WY 82190
Tel. 307/344-7311 (AMEX, DC, EC, VISA)

Rundfahrt

Eine achtförmige Rundstrecke führt an den meisten natürlichen Attraktionen des Yellowstone vorbei. Die große Parkumrundung ist knapp 230 km lang. Im allgemeinen sorgen das starke Besuchsaufkommen, die schmale, kurvige Straße und die erlaubte Höchstgeschwindigkeit von 70 km/h für eine reine Fahrtzeit von mindestens 4–5 Stunden. Bei Bedarf können Sie auch eine kürzere Route wählen, der obere Teil der »Acht« ist 113 km, der untere Abschnitt 155 km lang.

Die nachfolgenden Attraktionen sind entsprechend der Reihenfolge einer großen Parkumrundung aufgeführt. An allen Punkten gibt es ausgezeichnete kurze Naturlehrpfade mit naturkundlichen Erläuterungen und exzellente Fotomöglichkeiten.

Mammoth Hot Springs
Prächtige Kalksteinterrassen in immer neuen Ausprägungen und Farben. Über den gesamten Hang sucht sich das heiße Wasser ständig neue Wege, legt immer wieder neue pastellfarbene und mit weißem Rand umkrustete Wasserbecken an. Alte Terrassen erkennt man am stumpfen Grau, neue an zartem Rosa, Lindgrün oder Hellblau. Folgen Sie dem Boardwalk entlang der beeindruckenden Anhöhe der **Minerva Terrace**! Besonders brillant präsentieren sich die Mammoth Hot Springs im Licht der Morgensonne.

Norris Geyser Basin
Eine Art natürlicher und sehr kompakter Hexenkessel! Wohin Sie schauen, dampft und qualmt es aus den Geysiren, ertönt gelegentliches Grollen. Einige Geysire, wie der **Constant** und der **Dark Cavern Geyser**, brechen in regelmäßigen Abständen mehrmals stündlich aus, andere lassen sich mehr Zeit. Unvorhersagbar sind die Ausbrüche des **Steamboat Geyser**, der in aktiven Phasen seine Fontänen über 100 m hoch in die Luft schießt.

Für das aus den Bereichen **Porcelain Basin** und **Back Basin** bestehende riesige Gebiet mit seinen ausgezeichneten Wanderwegen sollten Sie mindestens zwei Stunden einplanen. Ausgangspunkt ist die dortige Parkinformationsstelle.

Lower Geyser Basin
Nehmen Sie sich eine halbe Stunde Zeit für den Rundwanderweg um den **Fountain Paint Pot**. Oben auf dem Hügel blubbernde Schlammlöcher und zischende Dampfwolken aus der Tiefe, unten Geysire und heiße Quellen – hier wird noch heute Frühgeschichte der Erde greifbar. In der Nähe führt ein kurzer Abstecher von der Parkhauptstraße über den **Firehole Lake Drive** zum mächtigen Sinterkegel des **White Dome Geyser** und dem **Great Fountain Geyser** im Lower Geyser Basin.

Midway Geyser Basin

Auf halbem Weg zwischen Lower und Upper Geyser Basin liegt ein weiteres sehenswertes Geysirbecken. 110 m breit und einfach wunderschön: die **Grand Prismatic Spring**, eine heiße Quelle. Noch immer brodelt es im Inneren des **Excelsior Geyser**, der im letzten Jahrhundert mit bis zu 90 m hohen Eruptionen von sich reden machte.

Upper Geyser Basin

Der berühmteste Geysir der Welt, **Old Faithful**, »der alte Getreue«, ist Wahrzeichen und eindeutiger Besucherliebling des Yellowstone. Seine bis zu 56 m hohen Eruptionen sind zwar längst nicht die höchsten, auch ist er nicht der am häufigsten eruptierende seiner Art. Seine Favoritenrolle hat ihm die Konstanz und Zuverlässigkeit eingetragen, mit der er seine Fontänen in die Luft schleudert. Seit über 100 Jahren macht der »alte Getreue« seinem Namen alle Ehre, in nur geringfügig abweichenden Abständen sprüht er seine Wasserfontänen täglich rund 20 mal aus der Tiefe. Das Upper Geyser Basin bietet eine Fülle an thermischen Attraktionen, die von bunten, heißen Quellen über spuckende Wasserlöcher bis hin zu verkrusteten Sinterkegeln reichen und die Sie womöglich stundenlang auf den gutausgebauten Wegen verweilen lassen. Bewundern Sie den nur 4 m hohen, aber fast unentwegt sprudelnden **Grotto Geyser** mit seinem imposanten Sinterkegel. Auf der anderen Flußseite verschafft sich in regelmäßigen Abständen von sechs Stunden der **Riverside Geyser** Luft. Ruhig und erhaben erstrahlen die von tiefblau bis orange reichenden Regenbogenfarben des traumhaften **Morning Glory Pool**, des schönsten Heißwasserpools im Yellowstone.

TOP TEN 1

Black Sand Geyser Basin

Jenseits der Straße liegt in unmittelbarer Nachbarschaft zum Upper Geyser Basin das kleine Black Sand Basin, ab dort finden Sie einen schönen Verbindungsweg zum Upper Geyser Basin. Unterwegs treffen Sie auf den klaren und azurblauen heißen **Black Sand Pool** und den regelmäßig aktiven **Daisy Geyser**, der seine 23 m hohen Wassersäulen etwas schief in die Höhe bugsiert und dabei schon manches Mal allzu sorglose Besucher erwischt hat.

West Thumb Geyser Basin

Großartig am **Yellowstone Lake** gelegenes, phantastisches Thermalbecken. Auf einem beeindruckenden kurzen Rundweg präsentieren sich dem Besucher farbenfrohe Bäche und Quellen, schnorchelnde und speiende Geysire vor der weiten Seekulisse. Selbst am Uferbereich des ansonsten überaus kalten Yellowstone Lake, des größten Bergsees der USA, strömt das heiße Wasser einiger Quellen aus. Der See ist aber nicht zum Schwimmen geeignet!

Mud Volcanoes

Urige, graubraune Schlammtöpfe platschen vor sich hin, brodeln wie Pudding und stinken manchmal zum Himmel. Schuld daran ist der Schwefelgeruch, doch der sollte Sie nicht von einem Besuch abhalten. Die »Schlammvulkane« verkörpern einen interessanten Gegensatz zu den Quellen und Geysiren der anderen Thermalbecken.

Grand Canyon of the Yellowstone

Ein weiterer Höhepunkt im Yellowstone! Bis zu knapp 500 m tief hat sich der **Yellowstone River** in das Vulkangestein eingegraben. Schauen Sie genau hin, dann erkennen Sie die kleinen Dampfwolken, die aus den Canyonwänden aufsteigen. Bester Aussichtspunkt auf der Südseite des Canyon ist der **Artist Point**, senkrecht fallen hier die Wände ab, in der Ferne donnern die **Lower Falls** 100 m in die Tiefe. Glasklar ist das Flußwasser, das Flaschengrün inmitten der Fälle stammt vom Algenbewuchs der Felswände. Auch von der Nordseite eröffnen sich exzellente Aussichtspunkte auf den Wasserfall: **Grandview Point** und **Lookout Point** – die Namen sprechen für sich. Dort bieten sich auch ideale Gelegenheiten zum Wandern, z. B. den kurzen Weg hinab zu den **Lower Falls**. Etwas weiter flußaufwärts rauschen die »nur« 33 m hohen, nicht ganz so spektakulären **Upper Falls**.

Service

Anfahrt
Die »aussichtsreichste« Zufahrt in den Yellowstone: aus Nordosten über den Beartooth Pass. Der 3335 m hohe Bärenzahnpaß bietet eine phantastische Fernsicht auf die Beartooth Range der Rocky Mountains mit dem Granite Peak (3901 m), dem höchsten Berg Montanas.

Auskunft
Yellowstone National Park
P.O. Box 168, Wyoming 82190
Tel. 307/344-7381
Informationen über Wanderungen im Hinterland (ca. 1700 km Wegnetz) sowie die dazu benötigten Genehmigungen (**permits**) erhalten Sie in den Ranger Stations und Visitor Centers.

Eintritt
7-Tages-Paß pro PKW 10 $ (gilt auch für Grand Teton NP), Golden-Eagle-Ganzjahrespaß für alle US-Nationalparks 25 $

Reitställe
Wenn Sie auf dem Rücken eines Westernpferdes unter der Führung eines kundigen Guide stundenweise die Natur der Umgebung erkunden wollen, finden Sie Reitställe in Mammoth Hot Springs, im Canyon Village und in der Tower-Roosevelt-Region.

DER BESONDERE TIP

Bisons im Hayden Valley Ein stilisierter Bison ziert das Staatswappen Wyomings – und tatsächlich, Amerikas größte Büffelherde grast im Yellowstone. Ein Verkehrsstau kurz vor Dämmerung (beste Fotozeit) im Hayden Valley kündigt beinahe in jedem Fall die stattlichen Tiere an. Zwar gibt es keine Gewähr für das Erscheinen der Bisons in Straßennähe, aber die im Park frei umherstreifenden Herden scheinen die saftigen Wiesen im Hayden Valley eindeutig zu bevorzugen. Die mächtigen, zotteligen Giganten ruhen sich auf dem warmen Asphalt der Straße gern aus, bevor sie weitergrasen. Gemächlich scheinen sie den Touristen gegenüberzustehen, doch sind die so träge wirkenden Büffel zu unberechenbaren Reaktionen und beachtlichen Sprints imstande!

Auf den hervorragend ausgebauten amerikanischen Straßen lassen sich selbst große Distanzen bequem und dank Tempolimit streßfrei zurücklegen.

Die Verkehrsdichte außerhalb der großen Städte ist gering und das Autofahren in Amerika daher entspannt und staufrei. Allerdings sind die Entfernungen beträchtlich: Rund 2150 Kilometer liegen zwischen Seattle und Denver. Es ist empfehlenswert, sich besser auf zwei oder drei Einzelregionen zu beschränken und bei genügend Zeit unterwegs noch das eine oder andere Ziel zusätzlich ins Urlaubsprogramm mitaufzunehmen. Beispielsweise läßt sich ein Aufenthalt in Denver wunderbar mit einer Rundtour durch die Rocky Mountains kombinieren oder eine Fahrt auf dem legendären Küstenhighway 101 mit einer Rundreise durch das Hochland von Oregon. Die Benzinkosten liegen derzeit bei weniger als einem Drittel der deutschen Preise, so daß dieser Kostenfaktor trotz der langen Strecken nicht zur großen Belastung wird.

Alle wichtigen Sehenswürdigkeiten und Ausflugsziele im Umkreis der Großstädte finden Sie im Kapitel »Sehenswerte Orte und Ausflugsziele« ausführlicher beschrieben.

Von den Rocky Mountains...

Die Pazifikküste in Washington und Oregon

Der legendäre Küstenhighway 101 führt vom Olympic National Park in Washington bis nach Kalifornien den Pazifik entlang. Der landschaftlich äußerst abwechslungsreiche Küstenabschnitt in Oregon gehört zum Schönsten, was die USA zu bieten haben. Höhepunkte in Washington sind der bizarre **Olympic National Park** und der lange Strand auf Long Island. Großartig zum Strandwandern, aber nichts zum ausgiebigen Baden im relativ kühlen Wasser. Rechnen Sie stets mit einer frischen Meeresbrise, die Winde flauen erst im Spätsommer bzw. Frühherbst ab.

Der beeindruckende Nationalpark nimmt fast das gesamte Gebiet der Olympic-Halbinsel ein und wird fast komplett vom Highway 101 umrundet.

Erster Anlaufpunkt ist die **Hurricane Ridge** (Zufahrt ab Port Angeles). Der Abstecher zum besten Aussichtspunkt auf die gletscherbedeckten Berge und die Meeresküste lohnt sich nur bei gutem Wetter, doch dann genießen Sie ein großartiges Panorama. Der Park bietet eine Fülle von abwechslungsreichen Aktivitäten: beispielsweise Thermalbaden in den **Sol Duc Hot Springs**, wo im Norden des Parks zwischen April und Oktober heißes Wasser in drei große Becken gepumpt wird, oder Strandwandern an **Ruby Beach** oder **Rialto Beach** (→ Mit Kindern unterwegs, S. 26).

Die Olympic Mountains sind eine Wolkenfalle für die heranziehende feuchte Luft aus dem Pazifikraum. Außer auf Hawaii

...an die Pazifikküste

und in Alaska regnet es in den USA nirgendwo sonst mehr als in den Bergen der Olympischen Halbinsel. Aber dank der kräftigen Niederschläge sehen Sie im **Hoh Rain Forest** einen temperierten Regenwald, der sonst nur in wenigen Regionen an der nördlichen Pazifikküste existiert. Nehmen Sie sich genügend Zeit für einen landschaftlichen Glanzpunkt am Ende der Hoh River Road. Die von Moos überhangenen Bäume im grüngefilterten Licht des Waldesinneren hinterlassen einen diffusen Eindruck entlang des einen Kilometer langen »Hall of Mosses-Trail« durch den Regenwald.

Eine schöne Übernachtungsmöglichkeit ist die **Lake Quinault Lodge**, die drei Kilometer östlich des Highway 101 am Südufer des Lake Quinault und direkt am Regenwald liegt (Tel. 360/288-2571, 800/562-6672, Fax 360/288-2415, 89 Zimmer, Obere Preisklasse, AMEX, DC, EC, VISA).

Über den Columbia River nach Oregon

Der nächste Höhepunkt der Küstenroute liegt im Mündungsbereich des Columbia Rivers. Im äußersten Südwesten von Washington finden Sie den langgestreckten Sandstrand von **Long Beach** (→ Sport und Strände, S. 30). Auf der Oregon-Seite betreten Sie in **Astoria** historischen Boden. Die Forschungsexpedition von Lewis und Clark hat 1805/1806 in dem sehr schön rekonstruierten **Fort Clatsop National Memorial** überwintert. Park Ranger präsentieren zwischen Mitte Juni und Anfang September den Lebensstil jener Zeit, zeigen Ausrüstungsgegenstände, Kleidung und tägliches Handwerkszeug (täglich 8 bis 17 Uhr, Eintritt 2 $). Unternehmen Sie auch einen kurzen Abstecher zur **Astoria Column**. 166 Stufen führen Sie zur Aussichtsplattform der 40 Meter hohen Säule (täglich 8 Uhr bis zur Dämmerung, Eintritt frei).

Das **Columbia River Maritime Museum** in Astoria (1792 Marine Drive) beschäftigt sich mit der Schiffahrtsgeschichte entlang der Pazifikküste. Dort sehen Sie das Leuchtschiff »Columbia«, das über 30 Jahre lang auf dem Columbia River wachte (täglich 9.30 bis 17 Uhr, Eintritt 5 $).

In Museumsnähe liegt das **Clementine's Bed & Breakfast** in einem klassischen viktorianischen Haus (847 Exchange Street, Tel. 503/325-2005, 800/521-6801, Fax 503/325-7056, 6 Zimmer, Mittlere Preisklasse).

Die abwechslungsreiche Küste Oregons

Folgen Sie dem Küstenhighway weiter nach Süden, wechseln Fischerdörfer, pittoreske Leuchttürme und Strände einander ab.

Newport ist das Fischereizentrum der zentralen Küstenregion. An der nostalgischen **Old Town Bayfront** laden Geschäfte, Galerien, Restaurants zum Verweilen ein. Möchten Sie mehr zum Thema des Ökosystems der Küste Oregons erfahren, besuchen Sie das **Oregon Coast Aquarium** mit seinen rekonstruierten Gezeitenpools, den steilen Klippen und natürlichen Wasserhöhlen an der **Yaquina Bay** (2820 SE Ferry Slip Road, Mitte März bis Mitte Oktober täglich 9 bis 18, ansonsten 10 bis 16.30 Uhr, Eintritt 7,50 $).

18 Kilometer nördlich von Florence am Highway 101 liegen die bekannten Felsen mit der großen Kolonie Stellerscher Seelöwen. Mit einem Aufzug können Sie in die Tiefe gleiten und die mächtigen Tiere beobachten, die innerhalb und außerhalb der Felshöhle leben (täglich 8 Uhr bis zur Dämmerung, Eintritt 6 $). Nördlich der Sea Lion Caves sehen Sie das **Heceta Head Lighthouse**, den meistfotografierten Leuchtturm an der Küste, in wahrhaft idyllischer Lage an der grünen Steilküste hoch über dem Meer.

Wandern in den Oregon Dunes

Auf rund 70 Kilometern zwischen **Florence** und **North Bend** zeigt die Oregonküste ein völlig anderes Gesicht. Ausgedehnte Dünen ersetzen die bis dahin wilde Steinküste, ein Netz von Wanderwegen lädt zu Spaziergängen in den Sandbergen ein. Der beste Aussichtspunkt über die maximal 200 Meter hohen, fast vier Kilometer breiten Oregon Dunes liegt auf genau halber Strecke zwischen Florence und Reedsport. Das Panorama wirkt bei Sonnenuntergang noch um einiges schöner als am Tage. Ein In-formationszentrum zu den Dünen befindet sich in **Reedsport** (855 Highway Avenue). Eine der schönsten Wanderungen im Küstenbereich führt auf den über 500 Meter hohen Humbug Mountain zwischen **Port Orford** und **Gold Beach**. Auf dem Gipfel genießen Sie eine herrliche Fernsicht.

Whitewater Rafting auf dem Rogue River

Zum Abschluß können Sie sich beim Rafting erfrischen. In Gold Beach mündet der Rogue River, Oregons bekanntester Whitewater-Rafting-Fluß. Allerdings liegt das eigentliche Wildwasserrevier 100 Kilometer flußaufwärts bei Grants Pass. Dort haben Sie die Wahl zwischen einem Zweistunden- oder Halbtagestrip (**Orange Torpedo Trips**, Tel. 800/635-2925, Abfahrt mehrmals täglich, 20 $ bzw. 35 $).

Auskunft

Olympic National Park
3002 Mount Angeles Rd.
Port Angeles, WA 98362
Tel. 360/452-0330
Eintritt pro PKW 5 $, Golden-Eagle-Ganzjahrespaß für alle US-Nationalparks 25 $

Oregon Tourism
Washington Tourism
→ Der Nordwesten der USA von A bis Z, Auskunft

Dauer: 3–4 Tage
Karte: → Klappe vorne

Durch das Hochland von Oregon

Folgen Sie mit einigen Abstechern dem Highway 97 durch das ausgedörrte, doch sehr reizvolle Hochland im Inneren Oregons. Westlich der Straße beginnen die grünen Wälder der Cascade Mountains, nach Osten hin erstreckt sich auf Hunderten von Kilometern nur eine scheinbar unbewohnte, abweisende Wildnis. Tagsüber ist es trocken und bei fast ständigem Sonnenschein konstant heiß, abends kühlt es beträchtlich ab. Die Inlandsroute läßt sich mit der Pazifikroute zu einer Rundtour verbinden, die zwei völlig unterschiedliche Gesichter Oregons zeigt.

Die Farbe des tiefblauen Sees erscheint zunächst unwirklich, aber der **Crater Lake** reflektiert tatsächlich das pure Blau des Himmels. Vor 7000 Jahren erup-tierte an dieser Stelle der Vulkan Mount Mazama unter unvorstellbarer Wucht und schleuderte fast fünfzigmal mehr Gestein in die Höhe als der Mount St. Helens bei seinem Ausbruch 1980. Die in sich zusammenfallenden Überreste des Vulkans hinterließen eine 600 Meter tiefe Grube (im Fachjargon »Caldera« genannt), die sich im Laufe der Zeit mit Wasser füllte und den heutigen Crater Lake bildete.

Die 53 Kilometer lange Rundfahrt um den See bietet Ihnen prächtige Aussichtspunkte aus allen Blickwinkeln. Wandern Sie unterwegs auf dem **Garfield Peak** und **The Watchman**, zwei markante Erhebungen am Calderarand. Verpassen Sie nicht den kurzen Abstecher zu den **Pinnacles**. Die spitzen Felsna-

Kah-Nee-Ta Village: Übernachten im indianischen Tipi

deln liegen versteckt in einem Seitental südöstlich des Sees.

Aus dem Crater Lake ragt die einer Vulkanspitze ähnelnde Insel **Wizard Island** empor, die sich allmählich durch nachquellende Magma aufgebaut hat. Von der Straße führt ein Pfad steil zum Seerand hinab, ab dort können Sie eine Bootstour zur Insel unternehmen.

Zum Newberry Crater

Nach dem Crater Lake National Park geht es auf dem Highway 97 nach Norden Richtung Newberry Crater. Der riesige Krater umschließt die eingesunkene Spitze des ehemaligen Newberry-Vulkans, heute ein ausgezeichnetes Revier zum Wandern, Bootsfahren und Sonnenbaden. Zwei hübsche Seen, **Paulina Lake** und **East Lake**, breiten sich auf 2000 Meter Höhe aus. Sie können dort Boote leihen.

Der 500 Meter lange, wunderschöne **Obsidian Flow Trail** führt über schwarzes Vulkangestein. Ebenfalls einen Abstecher wert ist die Straße auf den **Paulina Peak** mit ihrem schönen Panorama auf das zivilisationslos erscheinende Hochland, 40 Kilometer südlich von Bend.

Durch die Lava Lands bei Bend

Nächste Etappe ist das vulkanische Gebiet 20 Kilometer südlich von Bend. Fast direkt am Highway 97 und knapp unterhalb der Erdoberfläche verläuft die über

einen Kilometer lange **Lava River Cave**, die Lavahöhle ist damit eine der längsten im ganzen Nordwesten. Bei Temperaturen um 5° C ist die Höhlentour auf eigene Faust ein recht kühles, aber sehr interessantes Erlebnis. Am Eingang gibt es einen Lampenverleih (Mitte Mai bis Mitte Oktober, Eintritt 2 $).

Schauen Sie einen Kilometer nördlich des Höhleneingangs in das **Lava Lands Visitors Center**, ein ausgezeichnetes Informationszentrum zum Thema Vulkanismus. Von dort können Sie auf einem Wanderweg den ca. 1500 Meter hohen **Lava Butte**, einen runden Aschekegel, erklimmen oder per Shuttlebus auf den Gipfel hochfahren.

Vielseitig: High Desert Museum

Das erstklassige Museum, zehn Kilometer südlich von Bend, veranschaulicht mit seinen Ausstellungen die Siedlungsgeschichte des Westens und des Hochlands Oregons. Indianer, Forscher, Siedler kommen in Bild und Ton zu Wort. Eine Freilichtabteilung des Museums präsentiert darüber hinaus praktische Handwerksdemonstrationen, weitere Ausstellungen beschäftigen sich mit der Indianerkultur und Westernkunst. Im Außengelände finden Sie naturkundlich ausgerichtete Wege mit Tieren der Region, einer Sägemühle, im Desertarium ebenfalls Wüstentiere (täglich 9 bis 17 Uhr, Eintritt 5,50 $).

ROUTEN UND TOUREN

Bend – Zentrum der Hochlandregion

An Bend reizt insbesondere der **Pilot Butte State Park**. Eine Straße führt auf den freistehenden, 150 Meter hohen Aschekegel, der eine gute Aussicht über Stadt und Umgebung bietet. Preiswert übernachtet man in der zentral in Bend gelegenen **Bend-Alpine-Hostelling-International**-Jugendherberge (19 S.W. Century Drive, Tel. 541/389-3813, 800/299-3813, 40 Betten, Untere Preisklasse, EC, VISA).

Faszinierende Felslandschaften

Nördlich von Bend gibt es zwei sehenswerte Ziele. Zehn Kilometer nördlich von Redmond windet sich der **Crooked River** durch die malerische trockenheiße Felsenlandschaft des **Smith Rock State Park**. Bei einer Wanderung auf dem kurzen Trail durch den Park können Sie Felskletterer bei der eleganten Ausübung ihrer interessanten und herausfordernden Sportart bewundern.

Ein beeindruckendes Landschaftsbild finden Sie auch im **Cove Palisades State Park**, nur wenige Kilometer weiter nordwestlich auf der anderen Seite des Highway 97, wo der Deschutes River aufgestaut wurde. Mit seinen palisadenähnlichen kargen Felswänden erinnert der Park an die tiefen Canyons im Südwesten der USA. Ein Aussichtspunkt befindet sich an der Staumauer.

Die Welt der Indianer im Kah-Nee-Ta Resort

Krönender Abschluß der Tour sind zwei prächtig herausgeputzte, etwas voneinander entfernt liegende Quartiere unterschiedlicher Art in der **Warm Springs Indian Reservation** rund 17 Kilometer nördlich des Ortes Warm Springs. Auf Sie warten Hotelzimmer in der attraktiven **Kah-Nee-Ta Lodge** (139 Zimmer) oder indianische Tipis und rustikale Cottages im **Kah-Nee-Ta Village**, dazu locken ein von heißen Quellen gespeister großer Heißwasserpool und zur Freizeitgestaltung u. a. Reiten, Kayakfahren, Golf und Angeln (Tel. 541/553-1112, 800/554-4SUN, Fax 541/553-1071, Tipis Untere Preisklasse, ansonsten Obere Preisklasse, AMEX, DC, EC, VISA).

Im nahen **Warm Springs** offeriert das **Museum at Warm Springs** einen Einblick in die Welt der Indianer (täglich 10 bis 17 Uhr, Eintritt 5 $).

TOP TEN 10

Auskunft

Crater Lake National Park
P.O. Box 7
Crater Lake, OR 97604
Tel. 541/594-2211
Eintritt pro PKW 5 $, Golden Eagle-Ganzjahrespaß für alle US-Nationalparks 25 $

Oregon Tourism
→ Der Nordwesten der USA von A bis Z, Auskunft

Dauer: 2–3 Tage
Karte: → Klappe vorne

Die Rocky Mountains in Colorado

Colorado präsentiert sich mit den populären Wintersportorten in den garantiert schneesicheren Rocky Mountains von seiner Schokoladenseite. Ein prachtvolles Bild, das allerdings nur den Bundesstaat westlich von Denver zutreffend beschreibt, östlich der Hauptstadt beginnen die flachen, trockenen Prärien.

Die Rocky Mountains erreichen in Colorado ihre höchsten Punkte, allein 53 Gipfel übersteigen die magische Grenze von 14 000 Fuß (4267 Meter), und in keinem anderen Bundesstaat der USA gibt es höhere Paßstraßen. Die Pässe sind im Hochsommer schneefrei, wie auch die allermeisten Berge. Bei Mount Evans und Pikes Peak erreichen Sie auf kurvenreichen Panoramastraßen den Gipfel sogar bequem mit dem Auto.

Mount Evans – höher geht es nicht

Nirgendwo sonst in Nordamerika führt eine asphaltierte Straße höher hinauf als auf den **Mount Evans** (4348 Meter). Ab der Ausfahrt 252 von der I-70 folgen Sie dem Highway 74 und 103 über den knapp 3000 Meter hohen **Squaw Paß**. Am tiefblauen **Echo Lake** biegen Sie auf den Highway 5 ein, und vorbei am bildschönen Bergsee Summit Lake fahren Sie bis knapp unterhalb des Gipfels. Genießen Sie die blendende Aussicht, 60 Kilometer entfernt liegt Denver. Wie-

TOP TEN 9

der am Fuße des Mount Evans angelangt, geht es zurück auf die I-70, diesmal nach Norden.

Über die Ausfahrt 244 der I-70 und den Highway 119 gelangen Sie in die Schwesterstädte Black Hawk/Central City, der während der unerschöpflichen Goldfunde im letzten Jahrhundert »reichste Flecken der Erde«. Eigens für den Besuch von Präsident Grant 1873 putzte man den Eingang des historischen **Teller House** mit soliden silbernen Pflastersteinen heraus.

Black Hawk/Central City – Spielerparadies in den Bergen

Von einstmals 40 000 Einwohnern der zweitgrößten Stadt Colorados verblieben nur wenige hundert und eine schöne Architektur aus dem letzten Jahrhundert. Erst mit dem 1991 eingeführten Glücksspiel (**gambling**) entwickelten sich die beiden Geisterstädte wieder einmal in ihrer Geschichte zu **boomtowns**. Ein gutes Jahrhundert nach der Goldrauschzeit versprechen »einarmige Banditen« und Black Jack mindestens genausoviel Gewinn wie das Goldschürfen zuvor. Heute bieten in den historischen Häusern rund 40 Glückspaläste ihre Dienste an, auch aus dem Teller House wurde ein Kasino mit viktorianischem Flair.

Für die Rückfahrt zur Autobahn nehmen Sie die **Oh-My-God-Road** (Highway 279) durch den Virginia Canyon nach **Idaho**

ROUTEN UND TOUREN

Springs, eine sehenswerte Route entlang alter Minen. Die etwas rumpelige, kurvige Schotterstraße läßt sich bei Trockenheit gut bewältigen. Auf dem Weg nach Westen lohnt die **Georgetown Loop Railroad & Lebanon Mine Tour** (→ Mit Kindern unterwegs, S. 26) eine Unterbrechung der Fahrt.

Heiße Quellen und illustre Gäste

Glenwood Springs ist seit 100 Jahren ein berühmtes Heilbad. Die wunderbar heißen Mineralquellen der Glenwood Hot Springs speisen ein riesiges, 32° C warmes Freibecken und dazu ein kleineres Therapiebecken mit 40° C warmem Wasser. Eine spritzige Wasserrutsche sorgt für erfrischende Abwechslung. Gelegen an der 401 River Road (Nähe Ausfahrt 116 der I-70, täglich 9 bis 22 Uhr, Eintritt 6,25 $).

Schon seit jeher war das 65 Kilometer nördlich von Aspen gelegene Glenwood Springs sprudelnder Anziehungspunkt für illustre und extravagante Gäste. Präsident Theodore Roosevelt wählte den Ort während seiner Regierungszeit für eine Weile zu seiner Sommerresidenz. Ebenso hat es auch schräge Typen wie den legendären Revolverhelden Doc Holliday in die Stadt gezogen, in der er schließlich sein Ende fand. Daß dies ganz unspektakulär im Bett geschah, wie uns heute die Grabinschrift seiner letzten Ruhestätte auf dem **Linwood Cemetery** vermittelt (Zugang via E.

13th Street), tut der Western-Faszination keinen Abbruch.

Unweit der heißen Quellen befindet sich die Jugendherberge **Glenwood Springs Hosteling International** (1021 Grand Avenue, Tel. 970/945-8545 oder 800/9HOSTEL, 42 Betten, Untere Preisklasse, EC, VISA). Von Glenwood Springs ist es auf dem Highway 82 nicht mehr weit nach Aspen.

Schnee und Musik in Aspen

Aspen, der Stern unter den Winterskiorten der Rockies, weiß um seine mondäne Vorreiterrolle und geizt auch im Sommer nicht mit seinen Reizen. Wie viele Orte in Colorado als Silberminenstadt gegründet, entwickelte sich Aspen einige Jahrzehnte nach dem Silberboom zu einer vitalen, ganzjährig aktiven Touristenstadt mit zahlreichen Zerstreuungsmöglichkeiten. So können Sie hier mit dem Fallschirm durch die Lüfte gleiten oder in einem Heißluftballon über die Gebirgslandschaft hinwegschweben. Oder aber Sie schlendern ganz gemütlich durch Fußgängerzonen und Einkaufspassagen mit Ihren (teuren) Boutiquen, Szenetreffs und Restaurants. Relativ zivil sind die Preise, die das kleine, zentral gelegene **Innsbruck Inn** für eine Übernachtung mit Frühstücksbuffet verlangt (233 Main Street, Tel. 970/925-2980, Fax 970/925-6960, 31 Zimmer, Mittlere Preisklasse, AMEX, EC, VISA). Populär ist das allwöchentliche **Rodeo** im nahen **Snowmass**. Heerscharen

Rocky-Mountains-Panorama beim Emerald Lake

von Besuchern zieht zwischen Juni und August das **Aspen Music Festival** an. Beinahe täglich finden auf diesem bekanntesten amerikanischen Musikfestival von Jazz über Oper bis zur Kammermusik Konzerte aller Art statt.

Landschaftliche Höhepunkte sind die steil aufragenden **Maroon Bells** mit dem sich pittoresk spiegelnden **Maroon Lake** im Vordergrund, ein spektakuläres Bergpanorama. Stattliche 4315 Meter ragt der stolze **Maroon Peak**, der höchste Gipfel der Gruppe, empor. Wanderwege verschiedener Schwierigkeitsgrade durchziehen die Umgebung. Wegen des großen Besucheraufkommens verkehren vom Rubey Park Transit Center Shuttle-Busse zu den Maroon Bells (Mitte Juni bis Anfang September halbstündlich 9 bis 16.30 Uhr, Hin- und Rückfahrt 4 $).

Geisterstadt am Unabhängigkeitspaß

Von Aspen führt der Highway 82 in attraktiver Streckenführung in das Tal des Arkansas River. Unterwegs treffen Sie auf die restaurierte Geisterstadt **Independence**, die zu einem populären Anziehungspunkt an der Paßstraße geworden ist. Luftige Paßhöhe und zugleich Wasserscheide zwischen Pazifik und Atlantik ist der 3687 Meter hohe **Independence Pass**, der von der westlichen Zufahrt besonders spektakulär wirkt.

Im Hochtal des **Arkansas River** warten gleich mehrere Superlative. Das über 3100 Meter

hoch gelegene **Leadville** kann sich rühmen, die höchstgelegene Stadt in den USA zu sein. Die mit 30 000 Bürgern ehemals drittgrößte Stadt Colorados hat mit dem Glanz des Silbers zu Ende des 19. Jahrhunderts nicht nur ihre Bedeutung, sondern bis heute auch 90 Prozent ihrer damaligen Einwohnerzahl verloren. An der Westseite des Arkansas River Valley recken sich mit **Mount Elbert** (4399 Meter), **Mount Massive** (4396 Meter) sowie **Mount Harvard** (4395 Meter) die drei höchsten Berge der Rocky Mountains in die klare Hochgebirgsluft.

Wildwasserfahrten durch Colorados Canyons

Neben dem Bergwandern finden Sie beim Whitewater Rafting auf dem **Arkansas River** viel Spaß und ein wenig Nervenkitzel. Populärster Halbtagestrip ist die Exkursion durch den **Brown's Canyon**. Vom Ausgangspunkt Fisherman's Bridge Campground, 8 Kilometer südlich von Buena Vista, in der Nähe der Kreuzung von Highway 301 und 285, ist ein Kurztrip für 13,75 $, ein Halbtagestrip für 27,75 $ zu haben. Für diejenigen, denen der Sinn nach abenteuerlicheren und anspruchsvolleren Raftingfahrten steht, geht es über den Highway 50 Richtung Canon City. Die Schußfahrt durch die **Royal Gorge** (→ Canon City) ist nur Volljährigen gestattet... Angeboten werden Halbtages- und Ganztagesfahrten. Ausgangspunkt ist hierfür das Royal Gorge Office am Highway 50 an der Abzweigung zur Royal Gorge Bridge. Ein Halbtagestrip beläuft sich auf 46,75 $, ein Ganztagestrip auf 75,75 $. Informationen vermittelt der Anbieter **River Runners** unter Tel. 800/525-2081 oder 791/539-2144.

Die welthöchste Hängebrücke: Royal Gorge Bridge

Für etwas Nervenkitzel brauchen Sie nicht notwendigerweise in ein Boot auf dem Arkansas River zu steigen: Mehr als 300 Meter oberhalb des Flusses führt über die Royal Gorge die höchste Hängebrücke der Welt. Überqueren Sie die Brücke zu Fuß oder per Auto, und werfen Sie einen Blick in die schmale Flußschlucht, alternativ geht es mit einer Seilbahn zur anderen Seite. In die Tiefe hinunter bis zum Ufer des Arkansas River gleitet eine Standseilbahn (täglich 7.30–20 Uhr, Eintritt 10 $). Geradezu erholsam für die Nerven ist von hier aus ein Abstecher zur Westernstadt **Buckskin Joe** (→ Der Besondere Tip, S. 26).

Cripple Creek – Goldrausch und Glücksspiel

1890 kam Cripple Creeks Historie mit dem größten Goldfund aller Zeiten in einer einzigen geologischen Lagerstätte ins Rollen – es war die immer wiederkehrende Geschichte von »boom and bust« aller Minenstädte in Colorado: Dem kometenhaften Aufstieg folgte der ebenso rasche Sturz ins Bodenlose, denn irgendwann erschöpften sich die Lagerstätten. Von knapp 30 000 Einwohnern zur Blütezeit verblieben in Cripple Creek bis heute keine tausend mehr.

Auch Cripple Creek hat wie so viele andere Städte des Goldrausches mit der Legalisierung des Glücksspiels die Kehrtwende geschafft, der Tourismus lebte erneut auf. Hinter nostalgischen Häuserfassaden rotieren heute die »einarmigen Banditen« in rund 30 Kasinos. Zwei Attraktionen erinnern an die Goldgräberära. Die ehemalige Goldmine **Mollie Kathleen Gold Mine** am Nordende von Cripple Creek öffnet ihre Stollen zu 40minütigen Touren durch die Welt 300 Meter unter Tage (Mai bis Oktober, täglich 9 bis 17 Uhr, Eintritt 8 $). Eine schnaufende Dampflock zieht die nostalgische Schmalspureisenbahn **Cripple Creek and Victor Narrow Gauge Railroad** ins sechs Kilometer entfernte **Victor**. Deutlich weniger als Cripple Creek profitiert die ehemalige Goldgräberstadt Victor vom Tourismus. Noch bestimmen hier weitgehend verlassene Mineneingänge und aufgewühlte Erde das Bild (Ende Mai bis Mitte Oktober mehrmals täglich 9.30 bis 17.30 Uhr, Fahrpreis 6,50 $).

Neben der asphaltierten Hauptstraße führen zwei weitere, jeweils 60 Kilometer lange Schotterstrecken durch schmale Tunnels und entlang ehemaliger Eisenbahntrassen nach Cripple Creek. Folgen Sie ab Canon City über Victor dem **Phantom Can-**

yon **Highway** oder ab Colorado Springs der **Gold Camp Road**. Die beiden wunderschönen, aber kurvenreichen und engen Straßen sollten Sie bei Schlechtwetter meiden.

Auf den Pikes Peak

Auf den 4301 Meter hohen Hausberg von Colorado Springs gelangen Sie mit der **Zahnradbahn** (eine Strecke eineinhalb Stunden, ab Manitou Springs am Highway 24, Mai bis Oktober täglich 8–17.30 Uhr, Fahrt 21 $) oder per Auto. Der **Pikes Peak Highway** zweigt 20 Kilometer westlich von Colorado Springs vom Highway 24 ab. Zum Gipfel legen Sie über 2000 Meter Höhenunterschied auf 30 Kilometer relativ glatter Schotterstraße zurück. Der Weg ist je nach Schneelage von Mai bis Oktober geöffnet, im Hoch-

sommer Mitte Juni bis Anfang September von 7 bis 19 Uhr. Vom Gipfelhaus genießen Sie ein unverstelltes Panorama (Maut pro Wagen 5 $).

Ende der Tour: Colorado Springs

Colorado Springs ist die zweitgrößte Stadt Colorados. Sie liegt am Übergang der Großen Ebenen in die Rocky Mountains direkt unterhalb des mächtigen Pikes Peak. Wie auch Denver hat die Stadt die Gewinne aus dem Gold- und Silberboom aufgesaugt, während die Goldgräberstädte selbst meist im Nichts versanken. Der Ort hat im **Old Colorado City Historic District** (Colorado Avenue zwischen 24th und 27th Street) ein historisches Einkaufsviertel bewahrt. Das benachbarte **Manitou Springs** be-

Fliegenfischen am Fall River

gann als Kurbad und ist noch heute eine pittoreske Kleinstadt am Rande von Colorado Springs geblieben, das aufgrund seiner touristischen Tradition viele hervorragende Hotels und Restaurants besitzt.

Unbestritten landschaftlicher Höhepunkt von Colorado Springs ist der **Garden of the Gods**. Er besticht durch seine farbenprächtige Vielfalt aus roten und weißen Sandsteinfelsen. Besonders markant sind die Felsen **Tower of Babel** und **Balanced Rock** am Ostzipfel des Parks.

Vor dem fernen Hintergrund des Pikes Peak können Sie auf den ausgezeichneten Trails durch den Park wandern, je nach Sonnenstand schimmern die Felsen in unterschiedlichen Nuancen (täglich 5 bis 23 Uhr, Eintritt frei). Auch sollten Sie einen Blick in den großen, gutsortierten **Garden of the Gods Trading Post** werfen (→ Der Besondere Tip, S. 24). Die **Pro Rodeo Hall of Fame** (Ruhmeshalle des professionellen Rodeos) beschreibt die Entwicklung des Rodeo von den Anfängen als Rancharbeit bis zur modernen Profisportart. Zwei Multimediapräsentationen und eine Westernkunstgalerie gehören dazu (Ausfahrt 147 von I-25, täglich 9 bis 17 Uhr, Eintritt 5 $).

Für Abendunterhaltung auf der **Flying W Ranch** bei einem zünftigen Chuckwagon Style Barbecue und einer Bühnenshow im Westernstil sorgen die Flying W Wranglers. Es gibt Grillfleisch, Mais und Folienkartoffeln, während auf der Bühne Sänger und Erzähler für die richtige Stimmung sorgen. Unbedingt reservieren (Tel. 800/232-FLYW, Ende Mai bis September, Eintritt 13 $)!

Das 1918 eröffnete **Broadmoor** ist heute das beste Hotel Colorados: Luxus pur, drei Golfplätze, 16 Tennisplätze, acht Restaurants und eine besonders schöne Lage unterhalb des Cheyenne Mountain (Circle Drive, Tel. 719/634-7711, 800/634-7711, Fax 719/577-5700, 554 Zimmer, Luxusklasse, AMEX, DC, EC, VISA). Das **Heartstone Inn** ist ein sehr schön eingerichtetes Bed & Breakfast in einem 1885 erbauten viktorianischen Haus mit großen Aufenthaltsräumen (506 N. Cascade Ave., Tel. 719/473-4413, Fax 719/473-1322, 23 Zimmer, Mittlere Preisklasse, AMEX, EC, VISA).

Auskunft

Colorado Tourism
→ Der Nordwesten der USA von A bis Z, Auskunft

Dauer: inklusive Whitewater Rafting 4–5 Tage
Karte: → Klappe hinten

Der Glacier National Park in Montana

Im Glacier National Park liegt das Wanderparadies der nördlichen Rocky Mountains: eine einzigartige schroffe Bergwelt mit vielen Wanderwegen. Das Naturparadies grenzt direkt an die weiten Prärien, unmittelbar östlich des Parks beginnen die unendlichen Ebenen der Great Plains. Zudem ist Glacier, abgesehen von Alaska, der einzige grenzüberschreitende US-Nationalpark. Nördlich der Grenze schließt sich der kanadische Waterton Lakes National Park an.

Auf der Straße zur Sonne

In Ost-West-Richtung durchquert die 80 Kilometer lange **Going-to-the-Sun Road** den Nationalpark. Die neben der Trail Ridge Road (→ Rocky Mountains National Park) schönste Hochgebirgsstraße der USA ist Ausgangspunkt für zahlreiche Wanderwege. Entsprechend müssen Sie auf der Paßstraße zur Hochsaison und an Wochenenden mit starkem Verkehr rechnen, die großen Parkplätze am **Logan Pass Visitors Center** sind dann schnell besetzt. Deswegen bleibt die kurvige, enge Straße, die mehr als 1000 Meter Höhenunterschied überwindet, für größere Campmobile gesperrt.

Der Name Glacier ist ein wenig irreführend: Es gibt nur wenige, meist kleinere Gletscher, die man oft nur als geübter Bergsteiger bei Wanderungen im Hinterland zu Gesicht bekommt. Der Park ist ja nach Schneelage zwischen Mitte Juni und Mitte September geöffnet.

Schöner als im eigenen Auto: Sightseeing im Rundfahrtbus

Übernachten im Park

Stilvolle Übernachtungen innerhalb der Parkgrenzen ermöglicht
das in europäischer Alpenbauart
gehaltene **Many Glacier Hotel** in
ausgezeichneter Lage am **Swiftcurrent Lake** (10. Juni bis 11.
September, Obere Preisklasse,
DC, EC, VISA). Das Hotel besitzt
208 Zimmer (ohne Fernseher)
und ein Restaurant. Vom Ein-
gangsportal bietet sich Ihnen ein
herrliches Panorama, links Mount
Allen, im Hintergrund Mount
Gould und Mount Grinnell, rechts
Mount Wilbur. Auf dem Swiftcurrent Lake starten Bootstouren, und man kann Kanus oder
Ruderboote ausleihen. Direkt
vom Hotel aus starten einstün-
dige bis eintägige Ausritte oder
Wanderungen in die Umgebung
(Buchung über Glacier Park Inc.,
East Glacier Park, MT 59434,
Tel. 406/226-5551 oder 800/332-
9351, Fax 406/226-4404, An-
schrift von Oktober bis Mai: Dial
Tower, Phoenix, AZ 85077-0928,
Tel. 602/207-6000).

Preiswerte Übernachtungen
außerhalb der Parkgrenzen bietet
die Jugendherberge **Brownie's
Hostelling International** (1020
Montana Highway 49, East
Glacier Park, MT 59434, Tel.
406/226-4426, 31 Betten, Untere
Preisklasse, EC, VISA, 50 Kilometer südlich der Parkzufahrt).

Als entfernten Ausgangs-
punkt können Sie auch die **Har-
grave Cattle & Guest Ranch** ins
Auge fassen. Die 1906 errichtete
working ranch in schöner Lage
am **Thompson River** nimmt

maximal 15 Gäste gleichzeitig
auf. Sie können nach Belieben
bei der Rancharbeit mithelfen, sei
es beim Viehtreiben oder beim
Rindermarkieren. Sie haben aber
auch Gelegenheit, auf Quarter
Horses in die Berge zu reiten und
dort zu zelten, Lagerfeuer inklusive (300 Thompson River Road,
120 km westlich von West Glacier, Abzweigung vom Highway 2
auf Highway 556, Tel. 406/858-
2284 oder 800/933-0696, Fax
406/858-2284, Minimum sind
drei Nächte für 550 $).

Auf Schusters Rappen ab der Going-to-the-Sun Road

1. Der drei Kilometer lange, einfache **Avalanche Lake Trail** (eine
Strecke) weist knapp 200 Meter
Höhenunterschied auf. Sein Ausgangspunkt liegt knapp nördlich
des **Avalanche Campground**.
Sie spazieren zunächst durch
dichten Wald den Avalanche
Creek entlang, wo auch der kurze Naturlehrpfad **Trail of the Ce-
dars** entlangführt. Knapp unterhalb der Baumgrenze endet die
Wanderung an der prachtvollen
Kulisse des **Avalanche Lake**.
Fünf schmale Wasserfälle stürzen sich vom Bergkessel aus
300 Meter Höhe in den See.

2. Der **Highline Trail** zum
Granite Park Chalet erfordert etwas mehr Zeit. Der Weg hat eine
Länge von zwölf Kilometern (eine
Strecke), überwindet aber dabei
keine hundert Höhenmeter. Die
Wanderung verläuft also fast
eben, sie lohnt sich auch nur für
ein kurzes Teilstück. Trailbeginn

ist am Continental-Divide-Schild am **Logan Pass Visitors Center**. Wandern Sie auf wunderschöner Streckenführung entlang der **Garden Wall** mit prächtigem Panorama hoch oberhalb des **McDonald Valley**. In der Tiefe erkennen Sie den Verlauf der Going-to-the-Sun Road. Als Alternativzustieg zum Granite Park Chalet beginnt acht Kilometer westlich des Logan Pass Visitors Center am Loop Parking Lot ein sechs Kilometer (eine Strecke) langer, relativ anstrengender Bergpfad mit über 700 Metern Höhenunterschied.

Knapp zwei Kilometer lang ist der Trail zum **Hidden Lake Overlook**, der populärste Wanderweg im Park. 150 Höhenmeter werden hier überwunden. Beginnen Sie Ihren Spaziergang zum »versteckten See« am **Logan Pass Visitors Center**. Der Trail führt zunächst bergauf, zum Teil auf Holzplankenwegen, durch die **Hanging Gardens**, einer großartigen hochalpinen Blumenwiese oberhalb der Baumgrenze. Er endet auf der anderen Seite der **Continental Divide**, der Wasserscheide zwischen Pazifik und Atlantik, am Hidden Lake Overlook. Über Serpentinen geht es hinab zum halbmondförmigen See.

Zwei Wanderungen in der Many-Glacier-Region

1. Über acht Kilometer pro Richtung und annähernd 500 Meter Höhenunterschied bewältigen Sie auf dem **Grinnell Glacier Trail**. Beginnen Sie die Wanderung am **Many Glacier Hotel** oder fahren Sie per Boot zum drei Kilometer entfernten **Josephine Lake**, was den Weg entsprechend verkürzt. Vom oberen Ende des Sees wandern Sie westwärts durch eine spektakuläre Gebirgslandschaft. Im Süden ragt der massive Mount Gould, im Norden Mount Grinnell empor, am Trailende stehen Sie vor dem größten Gletscher im Park. Als Alternative zum Gletscherweg eröffnen sich ab dem Bootssteg am Josephine Lake weitere schöne Wege. Spazieren Sie gemütlich entlang von Josephine Lake und **Swiftcurrent Lake** zu Many Glacier Hotel zurück, oder unternehmen Sie die kurze Wanderung zum 2,5 Kilometer entfernten, prachtvoll türkis schimmernden **Grinnell Lake**.

2. Auf dem über sieben Kilometer langen Trail zum attraktivsten Bergsee des Nationalparks, dem **Iceberg Lake**, müssen Sie lediglich 300 Meter Höhenunterschied bewältigen. Ab dem Ausgangspunkt am **Swiftcurrent Motor Inn** führt der Weg auf den ersten vier Kilometern mäßig ansteigend durch prachtvolle Wildblumenwiesen zu den **Ptarmigan Falls**.

Anschließend folgen Sie der Flanke des **Mount Wilbur**. Im Talkessel unterhalb der 800 Meter hohen, steil abfallenden **Pinnacle Wall** erwartet Sie der wunderschöne Iceberg Lake. Auf dem See treiben Eisblöcke, die von dem kleinen Gletscher am Fuß des Berges ins Wasser gestürzt sind, der Blick nach oben fällt auf schroffe Felswände.

Auf wilden Wassern

Viele Besucher kombinieren einen Aufenthalt im Nationalpark mit Wildwasserschlauchbootfahrten auf dem **Flathead River**, Montanas populärstem Whitewater Fluß. Auf dem **North Fork** (westliche Begrenzung des Glacier NP) und **Middle Fork** (südliche Begrenzung) des Flathead River haben Sie Gelegenheit zu Halb- und Mehrtagestrips unmittelbar außerhalb der Parkgrenzen. Ausgangspunkt für alle Whitewater Rafting Trips ist **West Glacier**. Mit der Glacier Raft Company (Going-to-the-Sun Road, am Westeingang des Glacier National Park, Tel. 800/332-9995 oder 406/888-5454) belaufen sich die Kosten auf 32 $ für einen Halbtagesausflug (vier Abfahrten pro Tag), auf 62 $ für einen ganzen Tag.

Anfahrt: Die beiden östlichen Parkzufahrten nach Many Glacier und in St. Mary erreichen Sie via US Hwy 89, die westliche über den US Hwy 2 in West Glacier. Glacier ist der einzige US-Nationalpark außerhalb von Alaska mit Schienenanschluß, Bahnhöfe liegen in West Glacier und East Glacier Park

Auskunft

Glacier National Park
West Glacier, MT 59936
Tel. 406/888-5441
Parkinformationen an beiden Zufahrten zur Going-to-the-Sun Road und am Logan Paß
Eintritt: 7 Tages-Paß pro PKW 5 $, Golden-Eagle-Ganzjahrespaß für alle US-Nationalparks 25 $

Dauer: Mindestaufenthalt 2 Tage

Der Iceberg Lake zählt zu den Höhepunkten des Parks

Auskunft

In Deutschland
Fremdenverkehrsamt der USA (USTTA)
Platenstr. 1
60320 Frankfurt/Main
Tel. 069/95 67 90 18, Fax 56 11 30

RMI Rocky Mountains International
(Denver, Idaho, Montana, South Dakota, Wyoming)
Scheidswaldstr. 73
60385 Frankfurt/Main
Tel. 069/44 60 02, Fax 43 96 31

In den USA
Colorado Tourism Board
1625 Broadway, Suite 1700
Denver, CO 80202
Tel. 303/592-5510 oder 800/COLORADO, Fax 303/592-5406

Idaho Department of Commerce
700 West State St.
Boise, ID 83720-0093
Tel. 208/334-2470 oder 800/VISIT ID, Fax 208/334-2631

Travel Montana
1424 9th Ave.
Helena, MT 59620
Tel. 406/444-2654 oder 800/VISIT MT = 800/847-4868 (außerhalb von Montana), Fax 406/444-2808

Oregon Tourism Division
775 Summer St. N.E.
Salem, OR 97310
Tel. 503/373-1270 oder 800/543-8838 (in Oregon) oder 800/547-7842 (außerhalb von Oregon), Fax 503/581-5115

Utah Travel Council
Council Hall/Capitol Hill
Salt Lake City, UT 84114-1396
Tel. 801/538-1030 oder 800/200-1160, Fax 801/538-1399

Washington State Department of Trade and Economic Development
101 General Administration Building
Olympia, WA 98504-2500
Tel. 360/586-2088 oder 800/544-1800, Fax 360/753-4470

Wyoming Division of Tourism
I-25 at College Dr.
Cheyenne, WY 82002
Tel. 800/225-5996 oder 307/777-7777, Fax 307/777-6904

Bevölkerung

Auf einer Reise durch Wyoming und Montana erhalten Sie womöglich den Eindruck, daß diese Staaten abseits einiger größerer und kleinerer Städte völlig unbewohnt sind. In beiden Bundesstaaten leben – statistisch gesehen – weniger als zwei Einwohner pro qkm. **Montana**, flächenmäßig größer als Deutschland, verzeichnet 800 000 Einwohner, **Wyoming**, größer als die alten Bundes-

Vor den Gefahren eines Waldbrands wird gewarnt

länder, gar nur 450 000 Einwohner. Auch in den anderen Bundesstaaten des Nordwestens konzentriert sich die Bevölkerung auf die Metropolen **Denver** in Colorado, **Portland** in Oregon, **Salt Lake City** in Utah, **Seattle** in Washington. Abseits dieser Ballungszentren finden Sie meilenweit keine Häuser, insbesondere das östliche Oregon ist weitgehend unbewohnt.

Im Nordwesten weicht die Bevölkerungsstruktur deutlich von anderen Regionen der USA ab. Sie verzeichnet einen höheren Anteil an **Indianern** und einen geringeren Anteil Schwarzer als in den übrigen USA. Rund 250 000 **Native Americans** leben in 50 Reservationen des Nordwestens. Zu den bekanntesten zählen die **Wind River Reservation** (Shoshone) in Wyoming, die **Yakima Indian Reservation** in Washington, die **Crow Indian Reservation** und die **Blackfeet Indian Reservation** in Montana, die **Nez Perce Indian Reservation** in Idaho sowie die **Warm Springs Indian Reservation** in Oregon.

Ethnische Minderheiten, wie Schwarze oder Hispanics, im US-Durchschnitt bei rund einem Viertel der Bewohner, verzeichnen im Nordwesten einen Anteil deutlich unter 10 %. Eine Sonderstellung nimmt **Utah** ein, im Mormonenstaat bekennen sich fast 80 % der Bevölkerung zur **Church of Jesus Christ of Latter-Day Saints** (Kirche der Heiligen der letzten Tage).

Camping

Amerikanische Campingplätze sind weitaus großzügiger ausgestattet als vergleichbare europäische. Insbesondere in den State und National Parks besitzt jeder Stellplatz (**campsite**) einen Picknicktisch mit Bänken und einen Grill. Gebühren (**fees**) gelten pro Stellplatz. Abends können Sie ein Lagerfeuer anzünden, Steaks und Maiskolben grillen, Marshmallows in der Glut rösten. Auf den meisten privaten Campgrounds finden Sie Vollanschlüsse (**full hookups**) für Wohnmobile. Diese beinhalten Stromanschluß, Frischwasser und Schmutzwasserabfluß. Die größte nationale private Campgroundkette **Koa (Kampgrounds of America)** bietet durchweg verkehrsgünstig gelegene Anlagen des gehobenen Standards (häufig mit Swimmingpool, Spielplatz etc). Zur Orientierung dient der ausgezeichnete »KOA Road Atlas und Camping Guide«, der alle Campgrounds staatenweise mit Anfahrtsskizze und Übersichtskarte auflistet. Weitergehende Infos gibt es bei den Reisebüros.

KOA (Kampgrounds of America)
P.O. Box 30558
Billings, MT 59114-0558
Tel. 800/CALL KOA (= 225-5562)
oder 406/248-7444

Diplomatische Vertretungen

In den USA
Botschaft der Bundesrepublik Deutschland
4645 Reservoir Rd., NW
Washington, DC 20007-1998
Tel. 202/298-8140

Generalkonsulat der Bundesrepublik Deutschland
One Union Square, Suite 2500
600 University St.
Seattle, WA 98101
Tel. 206/682-4312

Generalkonsulat der Bundesrepublik Deutschland
1960 Jackson St.
San Francisco, CA 94019
Tel. 415/775-0187

WICHTIGE INFORMATIONEN

Botschaft der Republik Österreich
2343 Massachusetts Ave., NW
Washington, DC 20008-2803
Tel. 202/483-4474

Botschaft der Schweiz
2900 Cathedral Ave., NW
Washington, DC 20008-3405
Tel. 202/745-7900

In Deutschland
Botschaft der USA
Deichmanns Aue 2
53179 Bonn
Tel. 0228/33 91

In Österreich
Botschaft der USA
Boltzmanngasse 16a
1090 Wien
Tel. 01/3 13 39

In der Schweiz
Botschaft der USA
Jubiläumstr. 93
3005 Bern
Tel. 031/3 57 70 11

Feiertage

An den Feiertagen haben Banken und Büros geschlossen.

1. Jan.	New Year's Day
3. Mo im Feb.	Washington's Birthday
Letzter Mo im Mai	Memorial Day
4. Juli	Independence Day
1. Mo im Sept.	Labor Day
2. Mo im Okt.	Columbus Day
11. Nov.	Veterans' Day
4. Do im Nov.	Thanksgiving
25. Dez.	Christmas Day

Die touristische Sommersaison spielt sich im wesentlichen zwischen Memorial Day und Labor Day ab, vor Memorial Day bzw. nach Labor Day sind die Öffnungszeiten der meisten Attraktionen verkürzt oder auf Wochenenden beschränkt.

Fernsehen

Die drei überregionalen Fernsehgesellschaften ABC, CBS und NBC besitzen den größten Marktanteil. Per Kabel sendet CNN rund um die Uhr Nachrichten, ESPN Sportsendungen, HBO Spielfilme und 20 bis 30 andere Kanäle Unterhaltung. Im Hotelzimmer sehen Sie gegen Gebühr (**pay TV**) die neuesten Kinofilme.

Geld

Der amerikanische **Dollar** ist in 100 **cents** unterteilt. Im Umlauf befinden sich Münzen zu 1 (**penny**), 5 (**nickel**), 10 (**dime**), 25 Cent (**quarter**), selten auch zu 50 Cent und 1 $. Die gleichgroßen und gleichfarbigen Scheine gibt es in einer Stückelung von 1, 5, 10, 20, 50 und 100 Dollar.

US-Dollar-Reiseschecks (am besten in 50-$-Stückelung) werden in den USA überall wie Bargeld akzeptiert, als Wechselgeld erhalten Sie Bares. Sie brauchen zum Umtausch nicht mehr in eine Bank zu gehen!

Abgesehen von einigen Supermärkten und Touristenattraktionen können Sie in den USA fast überall mit **Kreditkarten** bezahlen. Auf jeden Fall erwarten Hotels, Leihwagenagenturen und Ärzte stets eine **credit card** als Sicherheit. Lediglich Fast-food-Restaurants verlangen immer **cash**, öffentliche Verkehrsmittel sogar genau abgezähltes Kleingeld.

Daher benötigen Sie an Bargeld nie mehr als 100 $ in Ihrem Portemonnaie, am besten in Geldscheinen bis zu 20 $ und in vielen Quarters für die Automaten. Ohnehin werden abends Dollarscheine oder Reiseschecks mit einem Nennwert über 50 $ kaum akzeptiert.

Europäisches Bargeld können Sie nur in vereinzelten Großstadtbanken oder an internationalen Flughäfen in Dollars umtauschen.

Kleidung

In den USA nehmen Sie am besten lockere und legere Kleidung (**casual wear**) mit, Abendgarderobe (**formal wear**) wird lediglich in ausgesuchten Restaurants verlangt.

Im Nordwesten müssen Sie auf unterschiedlichstes Wetter gefaßt sein. Im Hochsommer reichen tagsüber Shorts und T-Shirts völlig aus, nur an der Pazifikküste und im Hochland der Rocky Mountains benötigen Sie wärmere Kleidung. Kalkulieren Sie abendliche Kälte ein, sobald sich etwa im hochgelegenen Yellowstone National Park die Sonnenstrahlen hinter den Bergen verzogen haben, sind Pullover, lange Hosen und eventuell eine Jacke nötig.

In Restaurants, Museen und auch in Supermärkten mögen es die Amerikaner kühl – die **air condition** (Klimaanlage) wird auf recht niedrige Temperaturen eingestellt.

Maßeinheiten

Längen
1 inch (in) = 2,54 cm
1 foot (ft) = 30,48 cm
1 yard (yd) = 91,44 cm
1 mile (mi) = 1,609 km

Flüssigkeiten
1 fluid ounce (fl.oz) = 29,57 ml
1 pint (pt) = 0,47 l
1 quart (qt) = 0,95 l
1 gallon (gal) = 3,79 l

Gewichte
1 ounce (oz) = 28,35 g
1 pound (lb) = 453,59 g

Medizinische Versorgung

Schließen Sie für die Reise unbedingt eine Auslandskrankenversicherung ab. Supermärkte oder Drugstores mit der Bezeichnung **pharmacy** (Apotheke) verkaufen rezeptpflichtige Arzneimittel (**prescription drugs**).

Wechselkurs-Umrechnungstabelle

$	DM	sFr	ÖS
0,5	0,70	0,58	4,90
1	1,40	1,16	9,80
2	2,80	2,32	19,60
5	7,00	5,81	49,00
10	14,00	11,62	98,00
20	28,00	23,24	196,00
30	42,00	34,86	294,00
50	70,00	58,10	490,00
100	140,00	116,20	980,00
250	350,00	290,50	2 450,00
500	700,00	581,00	4 900,00

Stand: Oktober 1995

Notruf

Die Notrufnummer der Polizei, der Feuerwehr und der Rettungsdienste lautet 911. Auch die Vermittler (**operators**) der Telefongesellschaften geben nach dem Wählen der »0« hilfreich Auskunft.

Politik

Der »Wilde Westen« spielte eine Vorreiterrolle bezüglich frauenfreundlicher Politik: In den 70er Jahren des 19. Jh. zählte Wyoming erst rund 9000 Bewohner, und die Politiker mußten Frauen mitheranziehen, um genügend stimmberechtigte Wähler für die Etablierung eines eigenständigen Bundesstaates vorweisen zu können. Das spärlich besiedelte **Wyoming** gelangte so in den Status des ersten Bundesstaates, der das **Frauenwahlrecht** propagierte und ab 1870 durchsetzte, ein seinerzeit noch rares Recht, das für die gesamten USA erst 1920 erstritten wurde.

Als die **Mormonen** 1847 vor den Verfolgungen in die menschenleere Salzwüste flohen und ihren Staat Deseret gründen wollten, gehörte das Gebiet offiziell zu Mexiko. Es fiel jedoch bereits ein Jahr später an die USA. Es kam zu langjährigen, auch bewaffneten Auseinandersetzungen zwischen mormonischen und nicht-mormonischen Siedlern. Erst 1896, nachdem die Mormonen u. a. auf Polygamie verzichteten, erlangte das noch heute streng konservative **Utah** Status als US-Bundesstaat.

Post

Postkarten nach Übersee kosten 40 Cent, Briefe 50 Cent. Die Beförderung erfolgt stets per Luftpost und dauert rund eine Woche.

Reisedokumente

Deutsche, Österreicher und Schweizer mit Rückflugticket benötigen für die Einreise in die USA einen noch sechs Monate über den Abflugtermin gültigen Reisepaß. Wer länger als drei Monate in den Staaten bleiben möchte, muß beim zuständigen US-Konsulat ein Visum beantragen.

Reisewetter

Das Klima im Nordwesten variiert je nach Region erheblich. An der **Pazifikküste** erreichen die sommerlichen Höchsttemperaturen etwa 20° C. Aber bereits 20–30 km landeinwärts wird es deutlich wärmer. Und östlich der **Cascade Mountains** erleben Sie in Oregon das typische Kontinentalklima der »high desert« mit karger Trockenvegetation, tagsüber erreichen die Temperaturen über 30° C, je nach Höhenlage kühlt es nachts erheblich ab. Auch in der trockenen Great Salt Lake Desert, der großen Salzseewüste, herrscht an Sommertagen eine schattenlose Hitze. Aufgrund der Höhenlage kühlt es nachts aber ab. **Denver** liegt noch ein bißchen höher, die »mile high city« (1600 m hoch) verzeichnet ebenfalls angenehm warme Tage mit starkem nächtlichen Temperaturrückgang.

Der trockene Süden von **Idaho** ist im Sommer glühend heiß; im Norden desselben Bundesstaates liegen ausgedehnte Gebirgswälder, die im Hochsommer einen angenehmen Aufenthalt versprechen.

In den **Rocky Mountains** müssen Sie auch im Sommer mit Frosttemperaturen rechnen. Auf Paßhöhen asphaltierter Hochgebirgsstraßen wie dem Beartooth Pass zum Yellowstone oder dem High Point im Rocky Mountain National Park kann jederzeit Schnee fallen.

Rundfunk

Das deutschsprachige Programm der Deutschen Welle empfangen Sie in den USA auf verschiedenen Kurzwellenfrequenzen. Programmfaltblätter gibt es bei:
Deutsche Welle
Öffentlichkeitsarbeit
Postfach 10 04 44
50588 Köln
Tel. 0221/38 90

Sicherheit

Die großen Naturparks und Touristenattraktionen wirken sauber, aufgeräumt und dank der ständig patrouillierenden Park Ranger und privaten Wachdienste sehr sicher. Auch die riesigen Shopping Malls der Städte und Vororte können Sie jederzeit bedenkenlos aufsuchen. Als Ortsfremder sollten Sie als Zufahrt zu den Innenstädten die citynächste Autobahnausfahrt wählen. Die Benutzung öffentlicher Verkehrsmittel empfiehlt sich hauptsächlich tagsüber im Innenstadtbereich, ansonsten nehmen Sie ein Taxi (**cab**).

In speziellen Touristen- oder Vergnügungsvierteln, wie an Seattles Pioneer Square, können Sie abends noch umherschlendern. Entsprechendes gilt für die Innenstadtbereiche Portlands und Salt Lake Citys.

Widerstand bei Überfällen ist zwecklos und gefährlich. Geben Sie Wertsachen bereitwillig heraus, Reiseschecks und Kreditkarte werden Ihnen umgehend ersetzt.

Sprache

Fremdsprachenkenntnisse sind bei US-Bürgern nicht sehr häufig, doch wenn Deutschkenntnisse (deutsche Großmutter, Militärdienst in Süddeutschland etc.) vorhanden sind, führt man Ihnen diese gerne vor. Die Kassiererin grüßt mit einem freundlichen »Hi, how are you«. Antworten Sie »I'm fine«. Zum Abschied hören Sie noch ein freundliches »Have a nice day« oder »You're welcome«, keine Einladung, sondern eine Höflichkeitsfloskel.

Amerikaner besitzen ein Faible für Abkürzungen, auf Verkehrsschildern begegnet Ihnen »PedXing«

Die genauen Klimadaten von **Denver**

	Durchschnittstemperaturen in °C		Sonnenstunden	Regentage
	Tag	Nacht	pro Tag	
Januar	5,7	-9,5	6,3	6
Februar	7,0	-7,7	8,0	6
März	9,9	-5,1	8,3	8
April	15,9	0,2	8,5	9
Mai	21,4	5,5	9,0	10
Juni	27,8	10,6	10,3	9
Juli	31,3	14,1	10,0	9
August	30,5	13,4	9,5	8
September	26,1	8,3	9,5	6
Oktober	19,2	2,3	7,8	5
November	10,9	-4,7	6,4	5
Dezember	7,3	-7,8	5,9	5

Quelle: Deutscher Wetterdienst, Offenbach

Wichtige Informationen

(pedestrian crossing) für Fußgänger-
überweg, Motels werben mit »room
4 U« (room for you) für freie Zimmer, der Dollar heißt in der Um-
gangssprache »buck« und bei »Two
bucks for a dog« kostet ein Hot Dog
zwei Dollar.

Stromspannung

Die USA verfügen über ein 110-Volt-
Wechselstromnetz von 60 Hertz.
Elektrogeräte arbeiten nur mit einem
Spannungsumschalter und dem
passenden Adapter für die nord-
amerikanischen Steckdosen (unbedingt schon zu Hause kaufen).

Telefon

Die USA besitzen ein einheitliches
Nummernsystem aus dreistelliger
Vorwahl (area code) und siebenstel-
liger Rufnummer. In Problemfällen
hilft die Vermittlung (operator) aus,
die sich unter der Nummer »0« meldet. In Buchstaben wiedergegebene
Telefonnummern wählen Sie wie
Ziffern auf der Telefontastatur, wo in
der Regel sowohl Ziffern als auch
Buchstaben stehen.

Für Ortsgespräche (local calls)
wählen Sie die Rufnummer ohne
Vorwahl, bei Ferngesprächen (long
distance calls) erst eine 1, dann
Vorwahl und Rufnummer. Unter der
jeweiligen Vorwahl/555-1212 meldet
sich die Auskunft. Telefonnummern
mit der Vorwahl 800 sind gebühren-
frei.

Vorwahlen
D, A, CH → USA 001
Von den USA nach Europa zuerst
011 oder 01, dann
USA → D 49
USA → A 43
USA → CH 41
Anschließend bei der Ortsvorwahl
die erste »0« weglassen.

Mit der praktischen AT&T Calling
Card telefonieren Sie zu den günstigen amerikanischen Telefontarifen
aus Telefonzellen oder Hotelzim-
mern, die Gebühren werden per
Kreditkarte eingezogen. Weitergehende Informationen hierzu gibt es
in Deutschland unter der Telefonnummer 0130/83 88 88.

Ähnlich funktioniert die T-Card
der deutschen Telekom, die Ab-
buchung mit dem Einzelnachweis
(pro Gespräch 3 DM Anschlußge-
bühr + normale Telekom-Übersee-
gebühren) erfolgt über das Telefon-
konto, die T-Card ist weniger für
inneramerikanische Gespräche
geeignet.

Temperatur

Umrechnungstabelle von Celsius in
Fahrenheit:
°F = °C x 1,8 + 32
Celsius 0° 5° 10° 15° 20° 25° 30° 35°
Fahrenheit 32° 41° 50° 59° 68° 77° 86° 95°

Trinkgeld

Taxifahrer und Bedienungen in Restaurants beziehen in der Regel ein
niedriges Grundgehalt. Erst mit dem
Trinkgeld (tip, gratuity), das gewöhnlich 15 % der Rechnungssum-
me beträgt, kommen sie auf einen
ansprechenden Verdienst. Kofferträ-
ger, Zimmermädchen, Garderoben-
frauen etc. erhalten ein Trinkgeld
von 1 $, in Luxushotels auch mehr.

Umsatzsteuer

In den USA sind Preise (außer Ben-
zin) stets netto ausgezeichnet. Erst
an der Kasse wird je nach Bundesstaat die Umsatzsteuer (sales tax)
hinzuaddiert. Gelegentlich gibt es in
Städten auch zusätzliche Steuern für

Übernachtungen und Restaurant-
mahlzeiten. Steuerliches Eldorado
herrscht in Oregon und Montana –
dort gibt es keine landesweite Umsatzsteuer.

Wirtschaft

Der Großraum **Seattle** ist das indu-
strielle Zentrum an der Pazifikküste.
Bekannt sind die **Boeing-Werke** in
Everett, dort werden die größten
Flugzeuge der Welt produziert.
Die **Holzindustrie** war einst Oregons
wichtigster Wirtschaftszweig.
Oregons Häfen leben vom Holz-
export, mit Portland als bedeutend-
stem Exporthafen an der Pazifikkü-
ste. Während die Holzindustrie im
Widerstreit zwischen Wirtschaftlich-
keit und Umweltschutz um ihre
Wirtschaftskraft und die Arbeiter um
ihre Arbeitsplätze fürchten, sehen
Umweltschützer die letzten Urwälder
Oregons gefährdet.

Die USA, das Autoland Nr. 1, sind
zu einem großen Teil auf ihre eigenen Ölvorräte angewiesen. Unter
Wyomings Prärien lagern umfangreiche **Erdölvorkommen**. Mit den
niedrigen Rohölpreisen der letzten
Jahre schlossen viele Felder wegen
mangelnder Rentabilität, die Arbeits-
losigkeit stieg. Zwei weitere Stand-
beine bleiben dem Staat, die Er-
schließung riesiger **Kohleflöze** im
Tagebau und natürlich der **Tourismus**, der mittlerweile zum zweit-
wichtigsten Wirtschaftsfaktor Wyomings aufgestiegen ist.

Die einst riesigen **Gold- und Sil-
berminen Colorados** sind praktisch
erschöpft. Dafür hält der Großraum
Denver die Rolle des wichtigsten
Transportzentrums mit dem bedeutendsten Flughafen weit und
breit inne, rühmt sich darüber hinaus modernster High-Tech-Industrie.

Zeitungen

Die bekanntesten überregionalen
Tageszeitungen mit Millionenauflage
sind die überregionale »USA Today«
sowie die »Los Angeles Times«, die
»New York Times« und das »Wall
Street Journal«.

Zeitverschiebung

Der Nordwesten liegt in zwei Zeitzo-
nen: Washington, Oregon und das
nördliche Idaho in der **Pacific Time**
(MEZ – 9 Std.), Montana, Wyoming,
Colorado, Utah und das südliche
Idaho in der **Mountain Time** (MEZ –
8 Std.).

Vom ersten April- bis zum letzten
Oktobersonntag gilt die Sommerzeit
(**daylight saving time/Dst**). Uhrzei-
ten sind in zweimal zwölf Stunden
aufgeteilt, 7 a. m. heißt 7 Uhr morgens, 7 p. m. 7 Uhr abends, wobei
p. m. in Fahrplänen oftmals in Fett-
druck erscheint. Daten schreiben
sich in der Folge Monat/Tag/Jahr.

Zoll

Besucher dürfen außer ihrem per-
sönlichen Reisegepäck zollfreie Waren im Wert bis 100 $ und 200 Ziga-
retten und 1 l Spirituosen oder 2 l
Wein (Personen über 21 Jahre) in
die USA bringen. Bargeld über
10 000 $ muß deklariert werden.
Unter keinen Umständen dürfen
Sie frische Lebensmittel (Pflanzen,
Obst, Gemüse, Wurst, belegte
Brote usw.) in die USA mitnehmen.

Aus den USA nach Deutschland
liegen die Zollfreigrenzen pro Person
bei Waren im Wert bis 350 DM und
200 Zigaretten, 500 g Kaffee, 50 g
Parfüm und 1 l Spirituosen oder 2 l
Wein.

WICHTIGE INFORMATIONEN

Um Christi Geburt
Die Nordwestküstenindianer nutzen die günstigen natürlichen Voraussetzungen (kaum Frost, fischreiche Gewässer, fruchtbare Wälder) und handwerklichen Fortentwicklungen (hochseetüchtige Kanus). Nirgendwo nördlich von Mexiko gibt es mehr dauerhaft bewohnte Dörfer als am Pazifik.

1492
500 Jahre nach den Wikingern landet Christoph Kolumbus in Amerika. Er glaubt, Indien erreicht zu haben, und nennt die Ureinwohner Indianer.

1682
Robert Cavelier, Sieur de la Salle, nimmt riesige Regionen beiderseits des Mississippi unter dem Namen Louisiana für Frankreich in Besitz.

ca. 1750
Prärieindianer jagen Büffel mit Pferden. Von den Spaniern ab dem 16. Jh. in Mexiko eingeführt, gelangen Pferde innerhalb von zwei Jahrhunderten allmählich in die Prärien. Bis dahin hatten Indianer alles zu Fuß oder mit Hundeschlitten transportiert.

1776
Die 13 amerikanischen Kolonien an der Ostküste erklären ihre Unabhängigkeit von Großbritannien.

1789
George Washington wird zum ersten Präsidenten der USA gewählt.

1803
Die USA unter Präsident Thomas Jefferson erwerben Louisiana (dazu zählen auch Wyoming und Montana), damit wird das US-Staatsgebiet verdoppelt.

1804–1806
Unter der Leitung von Lewis und Clark erkundet im Auftrag von Jefferson die bedeutendste amerikanische Forschungsexpedition einen Landweg zum Pazifik. Die Expeditionsteilnehmer überwintern am Oberlauf des Missouri und an der Mündung des Columbia River in den Pazifik.

1811
Fort Astoria an der Mündung des Columbia River ist das erste befestigte amerikanische Fort im Westen; es dient der North West Fur Company von John Jacob Astor als Handelsniederlassung.

1841
Auf dem Oregon Trail ziehen die ersten 500 Siedler von Independence/Kansas City gen Westen, nur 30 erreichen nach einem mühseligen halben Jahr das Ziel Oregon. In den nächsten drei Jahrzehnten folgen rund 300 000 Siedler, die schnellsten von ihnen benötigen in gutorganisierten Planwagentrecks weniger als drei Monate.

1846
Die Grenze zwischen Kanada und den USA wird auf den 49. Breitengrad festgelegt; das Gebiet der späteren Bundesstaaten Oregon, Washington und Idaho fällt den USA zu.

1847
Die ersten Mormonen emigrieren vor Verfolgungen in die Salzwüste an die Stelle des späteren Salt Lake City.

1847
Die von einer Masern-Epidemie geplagten Cayuse-Indianer überfallen die Whitman Mission in Washington. Sie töten Dr. Marcus Whitman und 13 weitere Weiße.

1848
Nach dem Sieg im Krieg gegen Mexiko gewinnen die USA u. a. Colorado und Utah hinzu.

1860
Reiter des Pony Express transportieren Post in nur elf Tagen von St. Joseph, Missouri, nach Sacramento, Kalifornien. Ein Jahr später, nach Fertigstellung der ersten transkontinentalen Telegraphenleitung, wird der Reiterexpress eingestellt.

1861–1865
Im Bürgerkrieg siegen die »Yankees« aus den Nordstaaten über die Konföderierten aus den sklavenhaltenden Südstaaten.

1868
Nach heftigen Kämpfen um die US-Forts entlang des Bozeman Trail zu den Goldfeldern in Montana schließen die Sioux und die US-Regierung in Fort Laramie, Wyoming, einen Friedensvertrag. Die Forts werden geschleift, als Gegenleistung verzichten die Indianer auf Siedlungsland. Der Friedensvertrag hält sechs Jahre, ehe Goldschürfer vertragswidrig in die Black Hills in South Dakota eindringen.

1869
Vorwiegend chinesische und irische Arbeiter der Union Pacific aus Sacramento, Kalifornien, und der Central Pacific aus Omaha, Nebraska, vollenden in Utah die erste transkontinentale Eisenbahnlinie durch die USA. Bis dahin hatte die Wells-Fargo-Postkutschenlinie rund 25 Tage für die transkontinentale Route gebraucht, je nach Wegzustand schaffte sie zwischen 5–20 km/h.

1872
Der Yellowstone wird der erste Nationalpark der Welt.

1876
Die Sioux unter Sitting Bull und Crazy Horse vernichten die 7. US-Kavallerie unter Colonel Custer auf dem Little Bighorn Battlefield in Montana. Der bedeutendste Sieg der Prärieindianer bringt nur eine kurze Verschnaufpause, ein Jahr später muß Sitting Bull nach Kanada flüchten, Crazy Horse ergibt sich.

1877
Nez-Perce-Häuptling Joseph narrt die Armee auf einer 2000 km langen Fluchtroute, ehe seine hungernden Indianer aufgeben müssen.

1885
In Rock Springs, Wyoming, werden bei einem Pogrom gegen Chinesen, die unter Tarif arbeiten, 28 ermordet, die anderen vertrieben.

1890
Das Massaker an den Sioux in Wounded Knee, South Dakota, beendet die Indianerkriege.

1891
Gold Rush in Cripple Creek: Tausende von Goldsuchern durchpflügen die Rocky Mountains bei Denver.

1916
William E. Boeing konstruiert in Seattle erste Flugzeuge.

18. Mai 1980
Der Mount St. Helens bläst in einer gewaltigen Eruption seinen verschneiten Gipfel in die Luft, verliert dabei rund 400 m an Höhe.

1988
Ein verheerender Waldbrand erfaßt den Yellowstone National Park.

1995
In Denver wird der modernste Flughafen der USA eröffnet.

WICHTIGE INFORMATIONEN

An unsere Leserinnen und Leser:

Wir freuen uns, Ihre Meinung zu diesem Reiseführer zu erfahren. Bitte schreiben Sie uns, wenn Sie Berichtigungen und Ergänzungsvorschläge haben oder wenn Ihnen etwas besonders gut gefällt:

Gräfe und Unzer Verlag
Reiseredaktion
Stichwort: MERIAN live!
Postfach 40 07 09
Isabellastraße 32
80707 München

1. Auflage 1996
© Gräfe und Unzer Verlag GmbH, München

Lektorat: Karin Szpott
Bildredaktion: Jan Scherping
Kartenredaktion:
Reinhard Piontkowski

Gestaltung: Ludwig Kaiser
Umschlagfoto:
Christian Heeb/Glacier National Park
Karten: Kartographie Huber
Produktion: Helmut Giersberg
Satz: Boris Khani
Druck und Bindung: Appl, Wemding
ISBN 3–7742–0419–5

Fotos
R. Hackenberg 66, 68, 71, 86, 110
Ch. Heeb/look 2, 5, 29, 35, 43, 44, 65, 82, 83, 91, 105, 108, 113
V. Janicke 37, 41, 50, 96
A. Mosler 7, 14, 16, 18, 22, 25, 27, 31, 32, 57, 58, 61, 63, 73, 75, 97
PhotoPress/Rita 81
B. Wagner 4, 10, 28, 34, 52, 55, 72, 74, 88, 90, 100, 114

Dieses Buch wurde auf chlorfrei gebleichtem Papier gedruckt